विज्ञान कविताएं

सम्पादक

पं. सुरेश नीरव

डायमंड बुक्स

www.diamondbook.in

© लेखकाधीन

प्रकाशक : डायमंड पॉकेट बुक्स प्रा. लि.
X-30, ओखला इंडस्ट्रियल एरिया, फैज-II
नई दिल्ली-110020

फोन   : 011-40712200
ई-मेल   : sales@dpb.in
वेबसाइट : www.diamondbook.in

....

VIGYAN KAVITAYEIN

By : P. Suresh Neerav

समर्पण...

यह काव्य संग्रह समर्पित है उन विज्ञानवीरों को जो अपनी समय-सापेक्ष कविताओं के जरिए अंधविश्वासों को तोड़कर समाज को वैज्ञानिक दृष्टिकोण से लैस करने में पूरी ईमानदारी से लगे हैं।

सार-संश्लेषण

'समय सापेक्षता और विज्ञान कविता'

विज्ञान व्यवस्था है, विज्ञान ज्ञान है, विज्ञान तर्क है, विज्ञान विधान है। विज्ञान वनस्पति और प्राणियों का प्राण है। विज्ञान में जीवन है और जीवन में विज्ञान है। विज्ञान व्यष्टि है, विज्ञान समष्टि है, विज्ञान समग्र सृष्टि को देखने की दृष्टि है। विज्ञान विचार है, विज्ञान अनुसंधान है, विज्ञान अवलोकन है, विज्ञान प्रयोग है, विज्ञान प्रकृति और अस्तित्व का सारस्वत योग है। विज्ञान कल्पना है, विज्ञान परिकल्पना है, विज्ञान ध्रुवों की बर्फ है, परमाणु का अंगार है, विज्ञान तजुर्बा है, ज्ञान का भंडार है। विज्ञान सर्ग है, विज्ञान सत्र है, विज्ञान यत्र-तत्र-सर्वत्र है। विज्ञान क्रिया है, कर्म है, विज्ञान संसार में जो कुछ भी है उसके अस्तित्व का मर्म है। सच बात तो यह है कि विज्ञान हर जगह विद्यमान है। और यह विज्ञान ही ज्ञान का प्रज्ञान है। और अवलोकन तथा विश्लेषण इस विज्ञान का विधान है।

आज जब जीवन का प्रत्येक क्षेत्र विज्ञान से प्रभावित है तो फिर समकालीन कविता इससे प्रभावित नहीं हो यह कैसे हो सकता है? विज्ञान अगर 'प्रयोग' है तो कविता 'योग' है। और विज्ञान-कविता इसी योग और प्रयोग का संश्लिष्ट संयोग है। वैज्ञानिक चेतना से लैस अनेक कवियों ने इस बीच अपनी रचनात्मकता और समय सापेक्ष सतर्कता से विज्ञान को कविता में नागरिकता देने का महती और महनीय कार्य किया है। तमाम समर्थ कवियों के बीच में से मैंने देश के कुछ ऐसे ही चुनिंदा कवियों की विज्ञान कविताओं का संग्रहण और संपादन किया है, जिस की सार्थक और रचनात्मक उपलब्धि का सुपरिणाम है, यह काव्य संग्रह – 'विज्ञान कविताएं।' इनमें अधिकांश वो कवि हैं जिन्होंने पत्र-पत्रिकाओं और समय-समय पर आयोजित हुए विज्ञान कवि सम्मेलनों के माध्यम से जनमानस के बीच विज्ञान कविता को

एक नई विधा और नई शब्दावली के माध्यम से एक अलग पहचान बनाने में महत्त्वपूर्ण योगदान दिया है। जिनमें सुरेन्द्र कुमार सैनी, डॉक्टर शुभ्रता मिश्रा, यशपाल सिंह 'यश', नीरज नैथानी, रामवरण ओझा, सविता चड्ढा, राकेश जुगराण, मधु मिश्रा, डॉक्टर कल्पना पांडेय, पंकज त्यागी 'असीम' और सुबोध पुंडीर 'सरित' जी बाकायदा शामिल हैं।आज तमाम विज्ञान कवि विभिन्न जगहों पर विज्ञान कविताएं लिख रहे हैं मगर एक साथ अनेक विज्ञान कवियों की रचनाएं पढ़ने को मिल सके ऐसे काव्य संग्रहों की आज तक बहुत कमी है। इस रचनात्मक अभाव को भरने की दिशा में यह संकलन एक विनम्र प्रयास है। मैं आभारी हूं उन रचनाकारों का जिन्होंने इस महत्त्वपूर्ण अभियान में शामिल होकर इस अभियान को अनुष्ठान बना दिया। मैं आभारी हूं 'विज्ञान प्रसार' के उस प्रतिष्ठित परिवार का जिसने विज्ञान कवि सम्मेलन की सार्थक श्रृंखला चलाकर तमाम विज्ञान कवियों से मुझे परिचित होने का सुअवसर प्रदान किया। शोधोत्सुक जिज्ञासुओं के लिए भविष्य में कहीं यह काव्य संग्रह एक प्रामाणिक दस्तावेज की तरह उपयोगी सिद्ध हो सका तो मैं अपने इस विनम्र प्रयास को सफल समझूंगा। अंत में डायमंड बुक्स के नरेंद्र वर्मा सहित मैं उन सभी का हार्दिक आभार व्यक्त करता हूं जिनकी प्रेरणा एवं सहयोग से इस संग्रह का प्रकाशन संभव हो सका। सुधि पाठकों का स्नेह हमारे इस प्रयास को अवश्य मिलेगा इस विश्वास के साथ...

विनयावनत्

पंडित सुरेश नीरव
(अंतर्राष्ट्रीय कवि-पत्रकार)

विषय सूची

पंडित सुरेश नीरव

मध्यप्रदेश के ग्वालियर में 20 जून, 1950 को जन्मे सुरेश नीरव विज्ञान के विद्यार्थी होने के बावजूद छात्र जीवन से ही कविता से जुड़े हैं। और साहित्य का यही अनुराग इन्हें ग्वालियर से दिल्ली ले आया। तीन दशकों तक हिंदुस्तान टाइम्स की मासिक पत्रिका 'कादम्बिनी' के संपादन-मंडल से संबद्ध रहे पंडित सुरेश नीरव जागरूक पत्रकार होने के साथ-साथ आज एक प्रतिष्ठित कवि भी हैं। छब्बीस से अधिक देशों में हिंदी का प्रतिनिधित्व कर चुके इस कवि के सृजनात्मक खाते में सात टी.वी. सीरियल और बाइस पुस्तकें दर्ज हैं। भारत के राष्ट्रपति से सम्मानित श्री नीरव को प्रधानमंत्री द्वारा 'मीडिया इंटरनेशनल अवार्ड' से भी नवाजा गया है। दक्षिण अफ्रीका में आयोजित नवम विश्व-हिंदी सम्मेलन में भारत सरकार के प्रतिनिधि मंडल में भी आपको बतौर कवि शामिल किया गया। आजकल आप देश की अग्रणी साहित्यिक संस्था अखिल भारतीय सर्वभाषा संस्कृति समन्वय समिति के राष्ट्रीय अध्यक्ष हैं। आपको सुलभ साहित्य अकादमी के प्रतिष्ठित सुलभ-श्रेष्ठ-साहित्यकार-सम्मान (सम्मान राशि-पांच लाख रुपये) से भी अलंकृत किया जा चुका है।

प्रकाशित कृतियां: 'समय सापेक्ष हूं मैं' '(विज्ञान कविता संग्रह) 'भोर के लिए' (कविता संग्रह), 'शब्द नहीं हैं हम' (कविता संग्रह), 'सद्भाव कविता', 'आठवें दशक की व्यंग्य कविता' (कविता संग्रह), 'उत्तरार्ध कविता' (कविता संग्रह), इक्कीसवीं सदी की दृष्टि (समीक्षा), 'पोयटिक इलेक्ट्रॉंस' (अंग्रेजी कविता संग्रह), 'पोयट्री ऑफ सुरेश नीरव' (अंग्रेजी कविता संग्रह), 'पश्यंती' (कविता संग्रह), 'तथागत' (गीत संग्रह), मज़ा

मिलेनियम (हास्य ग़ज़लों का संग्रह), 'जहान है मुझमें' (ग़ज़ल संग्रह), 'दरीचे' (ग़ज़ल संग्रह), 'सर्वतोष प्रश्नोत्तर शतक' (दर्शन), 'उत्तरप्रश्नोपनिषद' (दर्शन), 'प्रज्ञान पुरुष पंडित सुरेश नीरव' (सत्कार ग्रंथ), 'टोपी बहादुर' (व्यंग्य संग्रह), 'नेताजी नरक में और 'मेरे प्रतिनिधि व्यंग्य।'

सम्मानः मीडिया इंटरनेशनल अवार्ड (भारत के प्रधानमंत्री द्वारा), साहित्यश्री पुरस्कार (भारत के राष्ट्रपति द्वारा), विश्वधर्म संसद पुरस्कार (नेपाल के प्रधानमंत्री द्वारा), भारतीय संस्कृति एवार्ड (इजिप्त के राजदूत द्वारा), धन्वंतरी पुरस्कार (मॉरीशस के प्रधान मंत्री द्वारा) भवन भारती पुरस्कार (भारतीय विधा भवन द्वारा) अट्टहास पुरस्कार (उत्तर प्रदेश के मुख्यमंत्री द्वारा), मानस मंथन पुरस्कार (कानपुर), युगीन शिखर सम्मान (दिल्ली), प्रेक्षा शिखर सम्मान (दिल्ली)। सुलभ साहित्य अकादमी का पांच लाख रुपये का सुलभ-श्रेष्ठ साहित्यकार सम्मान तथा अंतर्राष्ट्रीय ग्लोबल गैलेक्सी जीनियस एवार्ड।

सीरियल और डॉक्यूमेंट्रीः 'विज्ञान आधारित कंप्यूटर मैन', रंगरंगीले छैलछबीले, कमाल है, पड़ोसी की कार, मेंहदी का दर्द, दिशाबोध, वाह क्या बात है, सरफरोशी की तमन्ना।

दूरदर्शन, आकाशवाणी, सब टीवी, सोनी टीवी, जी टीवी, साधना चैनल, सुदर्शन न्यूज, महुआ चैनल, सहारा टीवी आदि पर अनेक बार कविता पाठ।

विदेश यात्राएं- लंदन, फ्रांस, सिंगापुर, मलेशिया, इंडोनेशिया, नेपाल, दुबई, बेहरीन, इटली, मिश्र, मॉरीशस, डेनमार्क, दक्षिण अफ्रीका समेत 26 देशों की यात्राएं।

विशेष- अनेक वैज्ञानिक संगोष्ठियों में प्रतिभागिता और इलेक्ट्रॉनिक तथा प्रिंट मीडिया में विज्ञान आलेख, कविताएं प्रकाशित एवं प्रसारित!

संपर्क : आई-204, गोविंदपुरम, गाजियाबाद - 201013
Suresh.neerav@gmail.com
Mob--098102 43966

(1) जो फलसफा था ध्यान में

जो फलसफा था ध्यान में

वो ढाल दिया विज्ञान में

जी हां विज्ञान ही परिवर्तन लाता है ज्ञान में

मुझसे किसी मित्र ने कहा

हमने बहुत कविताएं पढ़ी हैं योग पर ध्यान पर

आप कोई कविता सुनाइए हमें विज्ञान पर

हमने कहा ऐसा आग्रह करके समग्रता के आवरण में छेद मत करो

जीवन और विज्ञान में भेद मत करो

जीवन को विज्ञान से विलग मत करो

विज्ञान से जीवन को अलग मत करो

विज्ञान और जीवन एक-दूसरे का

अभिन्न अंग हैं

विज्ञान तो जीवन जीने का एक विशेष ढंग है

जो दृष्टिकोण बदलता है, दृष्टि नहीं

व्यष्टि बदलता है सृष्टि नहीं

विज्ञान सिर्फ देखता नहीं है, निरीक्षण भी करता है

विश्वास करने से पहले परीक्षण भी करता है

विज्ञान तथ्य के भीतर का भी जो भीतर है, उसके भीतर तक झांकता है

और फिर उसके सापेक्ष सत्य को आंकता है

विज्ञान बताता है कि तुम अकेले सांस नहीं ले रहे हो

वो जो तुम्हारे सामने लगा पेड़ है वह भी तुम्हारे साथ सांस ले रहा है

और यह भी जान लो कि जब तक वह सांस ले रहा है

तभी तक तुम सांस ले रहे हो

तुम सांस लेने के लिए जो ऑक्सीजन लेते हो वह तुम्हें पेड़ दे रहा है

तुम जो कार्बन डाइऑक्साइड छोड़ते हो उसे पेड़ ले रहा है

दोनों की जिंदगी एक-दूसरे की पूरक होती है
प्रकृति और प्राणी में एक नैसर्गिक सद्भावना होती है
दोनों साथ जीते हैं, साथ मरते हैं
साथ-साथ जलते है शमशान पर
शायद मैंने सुना दी है, कविता आपको विज्ञान पर।
'सिम्बिओसिस' इसे विज्ञान कहता है
इसी को सहजीवन अध्यात्म कहता है
यानी कि जो प्रकृति का भाव है
वही विज्ञान का स्वभाव है
जी हां, जीवन के अस्तित्व पर जो प्रकृति का आवरण है
वही पर्यावरण है।
और इस समझ का ज्ञान
हमें देता है विज्ञान।

∞

(2) क्या है विज्ञान कविता?

एक प्रश्न मेरे सामने आया है
शायद किसी जिज्ञासु ने भिजवाया है
लिखा है यह तो सही है कि
आज की समय सापेक्ष संवेदनाओं का जो मूल प्राण है/वह विज्ञान है
लेकिन इसमें विज्ञान कविता का क्या योगदान है
मैंने कहा कि– जो भी प्रश्न पूछा जाता है
उसका उत्तर जरूर दिया जाता है
आप सिर्फ इतना बता दीजिए कि
कि आप का यह प्रश्न परिस्थिति ने उपजाया है
या आपकी मन:स्थिति से आया है
हमें मालूम है ऐसे प्रश्नों के उत्तर सहजता से नहीं आते हैं
तो फिर चलिए हमीं आप को बताते हैं
ये जो आपके प्रश्नों की गतिज ऊर्जा और उत्तर की स्थिर ऊर्जा के बीच
जो गत्यात्मक विश्राम है/विज्ञान कविता उसी का नाम है।

विज्ञान कविता बताती है कि प्रश्न और उत्तर की प्रकृति भिन्न है/फिर भी
अभिन्न है

यह क्रिया के घटित होने के लिए आवश्यक कारण और कारक का मौन
संवाद है

समय और काल का यही सापेक्षवाद है

ये विज्ञान कविता ही है जो

हर अंधविश्वास के खिलाफ बोलती है

तथ्यों का परमाणुभार यथार्थ की भौतिक तुला पर तौलती है

यह विज्ञान कविता ही है

जो हर गलत बात पर आदमी को टोकती है

कंप्यूटर के आगे नींबू हरीमिर्च की माला और अगर बत्ती जलाने से उसे
हर बार टोकती है।

∞

(3) सपनों का विज्ञान

(कुछ लोगों के लिए विज्ञान एक सपना होता है और कुछ के सपनों
में विज्ञान होता है)

पहला चेतन दूसरा अवचेतन

दो भाग

जिससे मिलकर बनता है हमारा दिमाग

इसमें जो अवचेतन है

वो हमारे सपनों का निकेतन है।

वैज्ञानिकों का मानना है कि

यह सपने कभी हमारी दबी हुई इच्छाओं का प्रक्षेपण होते हैं/प्रतिफल होते हैं
तो कभी ये सपने 'डिवाइन सिग्नल' होते हैं
जो सीधे 'कॉसमोस' से आते हैं

और हमें भविष्य के तमाम संकेत दे जाते हैं
ये सपने दिमाग की कोशिकाओं पर लिखे अज्ञात का थीम होते हैं
कभी रेपिड तो कभी डेल्टा ड्रीम होते हैं।
ये सपने कभी इंट्यूटिव होते हैं तो कभी इंटरेक्टिव होते हैं
कभी पेसिव होते हैं तो कभी एक्टिव होते हैं
ये सपने कभी टीचर बनकर
जब नींद के आंगन में उतरकर आते हैं
तो संगीतकार को नई धुन तो कवि को नई कविता लिखा जाते हैं
सच! ये सपने नींद के कंप्यूटर में तमाम मैसेज अपलोड करते हैं
जिसे वैज्ञानिक बड़े सलीके से डीकोड करते हैं
कुछ सपने भूल जाते हैं तो कई सपने कई दिनों तक याद होते हैं
जी हां, ये सपने भविष्य का अनुवाद होते हैं
कभी ये सपने चुप्पी का अनुनाद होते हैं
तो कभी ये सपने अदृश्य का संवाद होते हैं
और कभी ये सपने संकल्पों का सिंहद्वार होते हैं
जिसकी सकारात्मक ऊर्जा से सपने साकार होते हैं
आप जिंदा हैं ये बात सपने बताते हैं
क्योंकि मुर्दों को सपने कभी नहीं आते हैं
जी हां!
हर आदमी का एक सपना होता है
जो उसका अपना होता है
किसी-किसी के लिए सपने निद्रालु रसायन की आदत होते हैं
तो किसी के लिए ये सपने ही
उसकी ताकत होते हैं।
जो असंभव को संभव कर दिखाते हैं
जो रेत की आंखों में भी नदी के सपने सजाते हैं।

∞

विज्ञान कविताएं

(4) डी एन ए प्राणी और पदार्थ

ये जो मति है
और उसकी जो जैविक ज्यामिति है
उसमें मति के पार्श्व में यति है और गति है
यति विस्मृति है और गति स्मृति है
और इस तथ्य को मानने में सबकी स्वीकृति है
यानी मति का स्मृति और विस्मृति से
शरीर के भूगोल के जिस अक्षांश में प्रतिभाग होता है
वही आदमी का दिमाग होता है
और इसी दिमाग के अनुपात में
आदमी का रुआब होता है
आदमी अच्छा या खराब होता है
मगर यही दिमाग जब उम्र के झूले में झूल जाता है
तो आदमी सब कुछ भूल जाता है
और तब
दिमाग भूली-बिसरी यादों का सूना घर हो जाता है
इसीलिए आदमी को बुढ़ापे में डिमेंशिया या एल्जाइमर हो जाता है
मगर ध्यान दीजिए कि
आदमी के शरीर में एक और केन्द्र होता है
जो हजारों साल तक बड़े सलीके से स्मृतियों को ढोता है
जिसका इतना बड़ा काम है
जी हां!! डीएनए उसका नाम है।
वो डीएनए है जिसकी याददाश्त में कभी कोई घोटाला नहीं होता
इसलिए तो कभी कोई अफ्रीकन गोरा और यूरोपियन काला नहीं होता।
डीएनए की स्मृतियों का खजाना हमेशा आबाद रहता है
डीएनए को अपने पूर्वजों का रंग हजारों साल बाद भी याद रहता है।
अब आप ही बताइए कि जरा सा स्पर्श पाते ही छुईमुई को सिकुड़ना है
सूरजमुखी के फूल को सूरज की किरणों की तरफ मुड़ना है
और परिंदे को रेंगना नहीं आकाश में उड़ना है
इन सबको यह ज्ञान कहां से आता है

यह डीएनए ही है जो पूर्वजों की याददाश्त को ताजा कराता है
जी हां, मछली के बच्चे को तैरना कौन सिखाता है?
तो पीढ़ी दर पीढ़ी होनेवाली जो जेनेरिक एक्टीविटी है
इसी का नाम हेरेडिटी है
जो ब्रह्मांडीय मस्तिष्क की
परमानेंट सेलेब्रिटी है।
और हां ये डीएनए कभी मरता नहीं है
अमर होता है
जो कि पीढ़ी-दर-पीढ़ी सिर्फ ट्रांसफर होता है।

किसी भी विषय का क्रमबद्ध ज्ञान विज्ञान होता है
और इस विज्ञान का दार्शनिक विश्लेषण ही प्रज्ञान होता है
क्यों कि विज्ञान का जो तथ्य होता है
अध्यात्म का वही कथ्य होता है
और दोनों का निष्कर्ष
केवल सत्य होता है।
चाहे जड़ हो या चेतन
प्राणी हो या पदार्थ
दोनों का ही निहितार्थ
बड़ा कलात्मक है/बड़ा रचनात्मक है
और प्रकृति की जो प्रकृति है वह भी त्रिगुणात्मक है।
जो सत्यं शिवम् सुंदरम की तरह
सकारात्मक है और नेक है
इसीलिए विज्ञान और अध्यात्म दोनों का सत्य एक है।
अब देखिए ना
जैसी हमारी चित्त की रचना है
ठीक वैसी ही परमाणु की संरचना है तमोगुण/रजोगुण और सतोगुण से
बना चित्त का अस्तित्व अध्यात्म मानता है
परमाणु के चित्त की भी यही समानता है
जिसके जो ये इलेक्ट्रॉन, प्रोटोन और न्यूट्रॉन हैं
वह दर्शन के त्रिगुणात्मकता का ही विशुद्ध विधान है

विज्ञान कविताएं

इसमें परमाणु का जो इलेक्ट्रॉन है
निगेटिविटी उसका प्राण है
अध्यात्म में तमस इसी का नाम है।
दूसरा प्रोटॉन है, जिसमें पॉजिटिविटी की धुन है
अध्यात्म का यही रजोगुण है।
तीसरे नंबर पर न्यूट्रॉन आता है
जो धन-ऋण आवेश के प्रभाव में नहीं आता है
मगर निगेटिविटी और पॉजिटिविटी के बीच सिद्ध संत की तरह
यह संतुलन बैठाता है,
जो संतुलन की निपुणता पाता है
अध्यात्म में यही सतोगुण कहलाता है।
इसके कारण ही परमाणु रचनात्मक है
कुल मिलाकर परमाणु भी आदमी के चित्त की तरह त्रिगुणात्मक है।
आदमी प्राणी है, परमाणु पदार्थ है
मगर दोनों का एक जैसा यथार्थ है
जबसे यह समानता आई है संज्ञान में
मुझे दूरियां नहीं दिखती हैं
अध्यात्म और विज्ञान में।

○○

डॉ. शुभ्रता मिश्रा

शिक्षा : एम.एससी. एवम् पीएच.डी., वनस्पति विज्ञान।

संप्रति : पिछले बीस सालों से हिंदी भाषा में वैज्ञानिक एवम् सामयिक विषयों पर लेखन में संलग्न। वैज्ञानिक संस्थानों की रिपोर्टों और अन्य दस्तावेजों सहित वेबसाइट आदि का हिंदी में अनुवाद। आकाशवाणी में साक्षात्कार, वार्ताएं एवं रेडियो रुपक सहित विज्ञान एवं प्रौद्योगिकी विभाग, भारत सरकार की संस्था विज्ञान प्रसार के साथ डीडी नेशनल-डीडी साइंस चैनल पर विज्ञान कविताओं और अन्य विज्ञान कार्यक्रमों से संलग्न।

प्रकाशन : विभिन्न पत्र-पत्रिकाओं में लगभग 300 से अधिक लेख प्रकाशित। हिंदी व अंग्रेजी में विज्ञान व सामयिक विषयों की कुल बीस पुस्तकें प्रकाशित।

पुरस्कार / सम्मान : राजभाषा विभाग, गृह मंत्रालय, भारत सरकार का राजीव गाँधी ज्ञान-विज्ञान मौलिक पुस्तक लेखन पुरस्कार, मध्यप्रदेश युवा वैज्ञानिक पुरस्कार, आचार्य चाणक्य सम्मान, नारी गौरव सम्मान, वीरांगना सावित्रीबाई फुले राष्ट्रीय फेलोशिप सम्मान, काव्य विभूति सम्मान और विज्ञान साहित्य रत्न सम्मान।

संपर्क : मोबाइल-08975245042
ईमेल : shubhrataravi@gmail.com

(1) अंटार्कटिका की पुण्यधरा

परमशीतला, श्वेताम्बरा
पंचकोटि अवनि इतिहास का
द्रोण सुधा सींचती
गोंडवानालेंड के विलगाव का
कोण आधा खींचती
दुर्गम, प्रचण्ड, शुष्कता से भरी
पुण्य सलिला, हिमरुचिरा,
अंटार्कटिका की पुण्यधरा।।1।।

परमअचला, श्वेतगम्भीरा
इहशोक के स्पंदन के
मौन संगीत से गूंजती
इहलोक के संचलन के
परम रहस्य को बांचती
अगम, अखण्ड, वातता से भरी
श्वेतरुधिरा, हिमकंदरा,
अंटार्कटिका की पुण्यधरा।।2।।

परमधवला, श्वेतनीरा
सौर विकिरणों की
लघुतरंगें बिखेरती
नीर के त्रिरुप में
प्रकृति में बिराजती
रहस्यों, विस्मयों, झंझावात से भरी

श्वेतचर्चिता, हिमअधरा
अंटार्कटिका की पुण्यधरा।।3।।

परममरुस्थला, श्वेतचीरा
भूल द्वेष प्रेमभूत मानवता
सदियों से कर रही आरती
शांतिमय विज्ञान हेतु
दशकों से गूंज रही भारती
तितिक्षा, चुनौती, शुष्कता से भरी
श्वेतसंस्कृता, हिमनिर्झरा
अंटार्कटिका की पुण्यधरा।।4।।

परमवत्सला, श्वेतमीरा
निस्तब्ध एकांतता में
ब्रह्माण्ड आप पूजती
पृथ्वी की अंतिम विशाल
अप्रसूता श्राप झेलती
पुष्पहीना, विषकंटका, विविक्ता से भरी
श्वेतमाता, हिममंदिरा,
अंटार्कटिका की पुण्यधरा।।5।।

○○

(2) चंद्रयान की सुंदर पृथ्वी

चंद्रयान ने भेजी है
पृथ्वी की सुंदर तस्वीर।
वो पृथ्वी जो ब्रह्मसाक्षी है
पांच सौ करोड़ों वर्षों की।
सागर, गिरि, पठार, जीवों की
उत्पत्ति के संघर्षों की।
मारियाना गर्त से लेकर

एवरेस्ट के शिखरों तक
संचारित वृहत्तम पृथ्वी।
विषुवत रेखा से दूर ध्रुवों तक
विस्तारित सुंदरतम पृथ्वी।।1।।

चंद्रयान की तस्वीरों में
जल थल नभ कैसे दिखते हैं?
प्रत्यावर्तन और विवर्तन
विकिरण, विचलन, भूआकर्षण।
अपक्षय, क्षरण, हिमाच्छादन
चुम्बक, विकिरण, भूनिर्धारण।
अलंकरण हैं पृथ्वी के।
आसमान से पातालों तक
मण्डल-मण्डल सजती पृथ्वी।
सत्वकोर से पर्पटियों तक
कुण्डल-कुण्डल रचती पृथ्वी।।2।।

चंद्रयान की दृष्टि वाली
नीली हरी थोड़ी-सी काली।
जीवाश्म, नवीकरणीय संसाधन
खनिज, अयस्क, ऊर्जा उत्पादन।
चक्रवात, वृष्टि, सूखे का क्रंदन।
जलधि वर्धन, वैश्विक तापन
सद्यः पीड़ाएं सहकर भी
खेतों से शैलों, भूनिकायों को
क्षमता-क्षमता संवारती पृथ्वी
सूक्ष्म से लेकर भीमकायों को
ममता-ममता दुलारती पृथ्वी।।3।।

(अंतिम पंक्तियों पर ध्यान चाहूंगी कि)
चंद्रयान के नव लोचन से
किंचित भिन्न अन्य ग्रहों से
धड़क रही है जो सांसों से
महक रही है जो आसों से
मेधा सुधा से परितृप्त
पृथ्वी के नयनाभिराम के
सकल भावों से संतृप्त
कितनी अद्वितीय-सी
सच अद्भुत-सी अपनी पृथ्वी
चंद्रयान के परिमाणों से
सच अच्युत-सी अपनी पृथ्वी।।4।।

चंद्रयान की भेजी अहा सुंदर-सी अपनी पृथ्वी

OO

(3) व्हेल हमें माफ कर देना

समुद्र तटों पर सतत् मिल रहीं
वे निरीह सी विक्षत व्हेलें
करनी अपनी दुख वो झेलें
न था व्हेल का कुछ लेना-देना
मानो व्हेलें सोच रही थीं
मंहगा पड़ा समंदर में रहना
बस एक ही विनती है अब
व्हेल हमें माफ कर देना।।1।।

आंतों में जब चिपके होंगे
छोटे बड़े प्लास्टिक टुकड़े

पंख-पंख उसके थे अकड़े
पोषण-पोषण तरसी होगी
पीड़ाएं जब बरसी होगी
मानो व्हेल पूछ रही थी
कब तक और पड़ेगा सहना
बस एक ही विनती है अब
व्हेल हमें माफ कर देना।।2।।

चालीस किलो प्लास्टिक वाला
व्हेल तुम्हारा उदर वो काला
गैस्ट्रिक शॉक के झटकों ने जब
देह तुम्हारी नोंची होगी
अहा रक्त की बूंद-बूंद तक
प्लास्टिक वो पहुंची होगी
मानो व्हेलें समझ गई हैं
अंतिम सांसो तक होगा लड़ना
बस एक ही विनती है अब
व्हेल हमें माफ कर देना।।3।।

सुना व्हेल मां बनने को थी
एक व्हेल और जनने को थी
शिशु पेट में तड़प रहा था
प्लास्टिक से झड़प रहा था
समझ रही थी अब न होगा
लाल मेरा बोरे में फंसकर
सांस-सांस को तरसा होगा
मानो व्हेलें फफक रही थीं
पीड़ाएं सहकर ही होगा बढ़ना
बस एक ही विनती है अब
व्हेल हमें माफ कर देना।।4।।

आओ!! अब भी कुछ प्रण कर लें
व्हेलों के वध का तर्पण कर लें
खाद्य श्रृंखला खाद्य जाल का
पारिस्थितिक संतुलन कर लें
न संभले तो मृत व्हेलों-सी
और प्रजातियां भी बिसरेंगी
कानों में एक ध्वनि गूंजेगी
मंहगा पड़ा धरा पर आना
बस एक ही विनती है अब
व्हेल हमें माफ कर देना।।5।।

○○

(4) टेबलेट-आहार

प्रकृति की वो अनुपम कृति अब अप्रतिम नहीं रही,
कोशा-कोशा टेबलेट हो गया है आदमी।
हर मर्ज का इलाज टेबलेट है यहाँ,
टेबलेट का विकार बन गया है आदमी।।1।।

टेबलेट खाते-खाते जन्म लेते हैं बच्चे,
स्तनपान के बदले कृत्रिम दुग्ध पिला रहा है आदमी।
प्रखर बुद्धि से विद्वान हो जाते मेरे बच्चे,
ज्ञान देने के बदले टेबलेट खिला रहा है आदमी।।2।।

प्रज्ञा और बल से तेजस्वी बन जाती युवापीढ़ी,
अध्ययन-श्रम के बदले टेबलेट आजमा रहा है आदमी।
गिरते हुए बालों से कोई उम्र न भांप ले,
झड़ गए बालों को टेबलेट से उगा रहा है आदमी।।3।।

यौवन कभी बुजुर्गियत में न समा जाए,
पड़ रहीं झुर्रियों को टेबलेट से मिटा रहा है आदमी।
यूँ प्रकृति के विरुद्ध चलकर बीसों बीमारियाँ पाल लीं,
अब भोजन से ज्यादा टेबलेट खा रहा है आदमी।।4।।

समय पर न मिले तो परेशान हो जाए,
टेबलेट से बीमार-सा हो गया है आदमी।
हर दर्द को चुटकियों में मिटाने की धुन में,
टेबलेट का शिकार हो गया है आदमी।।5।।

○○

सुरेन्द्र कुमार सैनी

माता का नाम – स्व. श्रीमती चमेली देवी

पिता का नाम – स्वतंत्रता संग्राम सेनानी स्व. बाबू आशाराम सैनी

जन्म स्थान – ग्राम जलालपुर डाडा

तहसील – भगवान पुर (हरिद्वार)

जन्म तिथि – 02 नवम्बर, 1950

शौक्षिक योग्यता – विज्ञान स्नातक

सम्प्रति – क्षेत्रीय खाद्य अधिकारी (से.नि.)

खाद्य तथा रसद विभाग (उ.प्र.)

वर्तमान पता– 909 चावमण्डी, नेहरू चौक, रुड़की, हरिद्वार (उत्तराखंड) अभिरुचियाँ– गीत-संगीत एवं साहित्य लेखन

प्रकाशित साहित्य – 1. 'आँसू की चन्द बूँदें' (ग़ज़ल संग्रह), 2. 'पुण्य स्मृति', 3. 'बीत गया है जैसे युग' ग़ज़ल संग्रह (प्रकाशाधीन) इसके अतिरिक्त विभिन्न पत्र-पत्रिकाओं में कविताएँ और आलेखों का प्रकाशन रेडियो व टीवी पर काव्य प्रसारण अनेक पत्रिकाओं का सम्पादन कार्य भी किया है।

सम्मान – उत्कृष्ट साहित्यकार (रोटरी क्लब रुड़की द्वारा) हिन्दी साहित्योदय सम्मान वर्ष 2017

वर्तमान पता– 909 चावमण्डी, नेहरू चौक, रुड़की, हरिद्वार (उत्तराखंड) अभिरुचियाँ– गीत-संगीत एवं साहित्य लेखन

मो.न. – 7906191781

(1) सत्य को पहचानने का नाम ही विज्ञान है

सत्य को पहचानने का नाम ही विज्ञान है।
क्या व क्यों का तर्क करना ही प्रथम सोपान है।।

क्यों चमकती बादलों के बीच में बिजली सदा
पत्थरों से क्यों निकलती आग ये सोचो ज़रा
तीलियाँ माचिस की जलने का भला क्या राज है
एक घर्षण की तपन इन क्रियाओं का त्राण है।

पेड़ से फल टूट कर नीचे सदा गिरता है क्यों
कोई सिक्का भी उछालो लौटकर आता है क्यों
हाथ से कुछ भी छूटे आखिर जमीं पर क्यों गिरे
क्या अभी तक तू गुरुत्वाकर्षण से अंजान है।

टूट जाए तान की रस्सी तो पीछे क्यों गिरें
क्योंकि खींचे डोर हम तो डोर खींचे है हमें
हर क्रिया के सम यहाँ होती है प्रतिक्रिया सुनों
इसलिए विज्ञान का शुभ क्रियाओं पर ध्यान है।

जो खुले में 'लौ' जले ढक दो तो क्यों बुझने लगे
साफ-शुद्ध हवा न हो तो साँस क्यों घुटने लगे
ऑक्सीजन दुनियाभर की ऊर्जा का स्रोत है
प्राणियों को ये सदा ही देता जीवन दान है।

पेड़ हमको नित्य ही पावन पवन धन दे रहे
सोख करके कार्बन को ऑक्सीजन दे रहे

तुम धरा पर पेड़ रोपित कर उन्हें रक्षित करो
वृक्ष जब तक हैं तभी तक प्राणियों में जान है।
∞

(2) मुठ्ठीभर का दिल

जबसे अपने दिल को समझा, तबसे मैंने इतना माना।
चार वाल्व से बना हुआ है, मुठ्ठीभर का दिल ये जाना।।

जब देखो धक-धक चलता है
कभी नहीं पल भर रुकता है
सर्दी-गर्मी या बरसातें
दिन हों चाहे लम्बी रातें
इसकी धड़कन में बसता है
जीवन का संगीत सुहाना।

रक्त का ये पम्पिंग स्टेशन
तन का ये करता है पोषण
अंग-अंग में रक्त घुमाए
शक्ति का ये भान कराए
ये रूठे तो रूठे पल में
ये साँसों का आना-जाना।

दिल कितना अरमान भरा है
अन्दर मीठा गान भरा है
ये धरती-आकाश मिलादे
लेकिन प्रिय को पास बुलादे
एक मिनट में ये भरता है
आह बहत्तर बार दिवाना।

विज्ञान कविताएं

ये गर पल भर को रुक जाए
सीने में भूचाल-सा आए
पोर-पोर में आए पसीना
जैसे डूबे कोई सफीना
आँखों में अँधियारा छाए
दिखता नहीं है ठौर-ठिकाना।

इसका चलना जीवन चलना
इसका रुकना जीवन रुकना
देख-भाल तुम इसकी रखना
वरना फिर दुख पड़ता भरना
चिकनाई भोजन से तजकर
नियमित कसरत को अपनाना।

○○

(3) दो-दो हैं पर शान है एक

दो-दो हैं पर शान है एक।
दोनों की पहचान है एक।।

कहने को तो आँखें दो हैं
लेकिन उनकी दृष्टि एक
दोनों मिलकर देखें जिसको
वह सुन्दर-सी सृष्टि एक
और कहें क्या तुमको भैय्या
कोर नजर का बाण है एक।

सिर के नीचे कान हैं दो, पर
उन दोनों की रचना एक
ऊँची-नीची, कड़वी-मीठी

आवाजों का सुनना एक
सुन-सुन बातें पेट को भरना
दोनों का अभियान है एक।

चेहरे पर दो नथुने जिनसे
नाक बनी है सुन्दर एक
सूँघने की इक अद्भुत ताकत
छिपी है इनके अन्दर एक
साँस खींचते-साँस छोड़ते
गंध-सुगंध का भान है एक।

दो-दो हाथ दिए हैं रब ने
जिनसे काम लिए हैं सबने
इन दोनों की कथा अनेक
मिलकर करते काम ये एक
अलग-अलग दिखते हैं, लेकिन
कर्म-भूमि का मान है एक।

दाँया-बाँया पैर हैं दो, पर
दोनों की मंजिल है एक
मिलकर उठते, मिलकर बढ़ते
दोनों की हलचल है एक
दो हैं पर आगे बढ़ने का
दोनों का अरमान है एक।

जिन अंगों से जीवन चलता
जिन अंगों से जीवन पलता
हर पल रखो उनका ध्यान
उन्हें कभी ना हो नुकसान
योग करे बलवान अंग, तो
स्वच्छता भी वरदान है एक।

∞

विज्ञान कविताएं

(4) खून की रचना

अपने खून की रचना का तुम, ध्यान करो।
कौन से तत्व हैं इसके पोषक, ज्ञान करो।।

हीमोग्लोबिन अपने रक्त का मूल घटक
इसके बिन जीवन की गाड़ी जाए अटक
चौदह प्वाइंट का स्तर इसका रखना है
वरना फिर भारी संकट में पड़ना है
खून में इसका मान ना कम होने पाए
आयरन युक्त साग-सब्जी का खान करो।

लाल रुधिर कणिका और श्वेत रुधिर कणिका
इनसे मुस्काती है जीवन की क्षणिका
इनका तो अनुपात खून में जब बिगड़े
तब समझो इस तन को बीमारी जकड़े
श्वेत कणिका रोगों से प्रतिरोध करें
लाल कणिकाओं से तन बलवान करो।

प्लेटलेट्स भी रक्त का इक अवयव भैय्या
ये कम हों तो डोले जीवन की नैय्या
डेंगू में ये अक्सर हो जाते हैं कम
इनके कम होने से निकले जैसे दम
मच्छर फैलाते हैं डेंगू के ज्वर को
मच्छर ना पनपें ऐसा संधान करो।

नियमित स्वच्छ, पौष्टिक भोजन रोज करो
बाजारी चीजों से तुम मत पेट भरो
हरी साग-सब्जी का नित प्रयोग करो
ताजे फल और सलाद का उपयोग करो
नित्य करो तुम योग निरोगी हो काया
शक्तिवर्धक जीवन का निर्माण करो।

∞

नीरज नैथानी

जन्म तिथि – 15 जून, 1961

शैक्षणिक योग्यता – बी.एस सी., बी.एड., एम.ए. (अंग्रेजी, समाज शास्त्र एवं इतिहास), पर्यटन पी.जी. डिप्लोमा

लेखन – कविता, कहानी, लघुकथा, यात्रा संस्मरण, व्यंग्य, नाटक, आलेख, निबंध आदि।

प्रकाशन – डोंगी (लघु कथा संग्रह), हिमालय पर (पथारोहण संस्मरण), लंदन से लैस्टर (यात्रा संस्मरण), हिम प्रभा (काव्य संग्रह),

विविधाः नई दिल्ली, पोर्ट ब्लेयर, पटना, नजीबाबाद, देहरादून, आदि आकाशवाणी केंद्रों से कविता, आलेख एवं वार्ता प्रसारण।

विभिन्न टेलीविजन चैनलों– दूरदर्शन, राष्ट्रीय सहारा, सुदर्शन, दैनिक हिंट आदि पर काव्य पाठ लालकिले पर हिंदी अकादमी दिल्ली द्वारा आयोजित कवि सम्मेलनों में अनेक बार काव्य पाठ विदेश यात्राएं-मॉरीशस, लंदन, संयुक्त अरब अमीरात (दुबई, शारजाह, अजमान, आबूधाबी, फुजीरोह), थाईलैंड, सिंगापुर, मलेशिया, नेपाल, भूटान, बहरीन, मस्कट आदि।

सम्मान/पुरस्कार/उपाधि

भारत के राष्ट्रपति द्वारा राष्ट्रीय शिक्षक पुरस्कार, पर्यटन मंत्रालय भारत सरकार द्वारा राहुल सांकृत्यायन पुरस्कार, हिन्दी भूषण, हिन्दी साहित्य सेवी, विद्या वाचस्पति, शैलेश मटियानी राज्य शिक्षक पुरस्कार, हिन्दी गौरव आदि

सम्प्रति– प्रधानाध्यापक राजकीय उच्चतर माध्यमिक विद्यालय उत्तराखंड

पत्रालय– निकट चौरास पुल बद्रीनाथ मार्ग, श्रीनगर गढ़वाल, उत्तराखंड पिन–246174

ध्वनि संपर्क– 9012945332/9412945332

ईमेल : neerajnaithani31@gmail com

(1) कहने को केवल पाती है

कहने को केवल पाती है।
गिनती में ना हम आती हैं।
हर शूल हमारे हिस्से हैं
बस पीर दंश के किस्से हैं
मन ही मन पीड़ा सहतीं हैं
ना दर्द किसी से कहतीं हैं
हम कोंपल आँसू रखतीं हैं
ज्यों पलकों में सजते मोती हैं।

झोंकों ने तनिक डुला दिया
इक पल को भी सहला दिया
हम मस्ती में आ जातीं हैं
बस इतने पर इतरातीं हैं
कहने को केवल पाती हैं।
गिनती में ना हम आतीं हैं।

इस जग में अपना नाम कहाँ।
मान कहाँ सम्मान कहाँ।
यश गौरव ना कोई ख्याती है
गिनती में ना हम आती हैं
हम तो केवल बस पातीं हैं।
कटि तरुवर चुनरी बंधतीं है
तन अक्षत रोली लगती है
मस्तक पर पुष्प धरे जाते
दीपों की माला सजती है

हर डाली पूजी जाती है
बस चरणों चढ़ती पाती है
गिनती में ना हम आती हैं
कहने को केवल पाती हैं।
गिनती में ना हम आती हैं।

हम हैं अवयव तरुवर की
पर्यावरण धरम निभाती हैं
है स्टोमेटा अपने पास
नित करें ऊत्सर्जन
जल निकास
वायु गमन हर कोने से
हर सांस हमारे होने से
जाइलम, फ्लोएम लेकर के
हर शाखा तक पहुंचाती हैं
हम फोटो सेंथेसिस करवाती हैं
हम क्लोरोफिल की साथी हैं
हम हैं तो जीवन बाती है
हम पर्यावरण की थाती हैं।
सर्वस्व समर्पण करके हम
श्रद्धा सुमन बन जाती हैं
कहने को केवल पाती हैं
गिनती में ना हम आती हैं।
पर हम हैं तो जीवन बाती है
हम पर्यावरण की थाती हैं।

○○

(2) हे कल्याणी! विज्ञान!!

हे कल्याणी! विज्ञान तुम्हें
जग सारा करता वंदन है।
नमन तुम्हारे उपहारों का

तन-मन से नित अभिनंदन है।
मन करता है गाथा गाऊँ
तुम्हारे नवीन आविष्कारों की
अंतहीन मैं लिखूं कहानी
प्रतिदिन होते चमत्कारों की।
हाँ, मन करता है
लिखूं कहानी
अंतरिक्ष अभियानों की
मंगल गृह व चन्द्रधरा
के सफल प्रक्षेपण यानों की।
हाँ, लिख डालूं स्वर्ण कथाएं
तीव्र गति के यानों की
शोर मचाती धूम गुंजाती
बुलेट ट्रेन तूफानों की।
सागर तल पर
तैरा करते
विशालकाय जलयानों की।
जल-नभ-थल में गुंजित होते
पराध्वनि परिवहन की।
हां, मन करता है...
गाथा गाऊँ
खनिज अयस्क खदानों की
औद्योगिक कल कारखानों की
नव युग निर्माण निशानों की।
हाँ, लिख डालूं अनंत कथाएं
भौतिकवादी दुनिया में
सुविधा ढेर लगाने की।
जीवन खुशहाल बनाने की
आनंद उमंग बढ़ाने की।
हाँ, लिख सकता हूँ

नित नयी कहानी
डब्लू-डब्लू डॉटकामों की
इन्टरनैट कम्प्यूटर दुनिया
साइबर प्वाइंट दुकानों की
शॉपिंग मॉल एस्केलेटर वाले
चमकीले भव्य प्रतिष्ठानों की।
मेट्रो स्टेशन पाँच सितारा
शाइनिंग इंडिया प्रतिमानों की।
पर अफसोस!
मलिन बस्तियां देख
कलम मेरी रुक जाती है।
कूड़ा बीनते बचपन की
तस्वीरें बहुत रुलाती हैं।
झोपड़ियों की दीन दशा
मेरा मन अकुलाती है।
लिखना चाहूँ, तो भी मित्र
क़लम तनिक ना चल पाती है।
गुमसुम मौन बनी रहती
पन्ना आँसू ढुलकाती है।
जहां दमित हों शोषित पीड़ित
वंचित अपने अधिकारों से
कैसे लिख दूं रंगीन है दुनिया
भरी विज्ञान चमत्कारों से।
जहां बस्ती में चूल्हे सूने
इक रोटी ना बन पायी हो
मुफलिसी हालातों में चलते
कंधे बने दुखदायीं हों।
टूटी हों सारी उम्मीदें
चेहरों पे उदासी छायी हो
हर आँगन पसरा अंधियारा

कोई भोर ना खिल पायी हो
तब कैसे लिख दूं
नयी सदी में
नयी रोशनी आयी है
चमकीला बनी है दुनिया
जीवन हुआ सुखदायी है।
हां जिस दिन
हर घर होगा उजियारा
कोई तिमिर ना पांव पसारेगा
बदलेंगी सारी तस्वीरें
नूतन सवेरा आएगा
धुल जाएंगे सबके आंसू
हर चेहरा मुस्काएगा।
मैं दिनकर दिनमान लिखूंगा
नित नये सम्मान लिखूंगा
भले पूजूं देव गणों को
पर विज्ञानी को भगवान लिखूंगा।
पर विज्ञानी को भगवान लिखूंगा।
○○

(3) ऊर्जाप्रदायनी : गंगा

क्षमा करें गंगा माता
गर हमसे अपराध हुआ हो।
मानव कल्याण हेतु हमने
तुम्हारी गति को थाम दिया है।
बांध बना कर ऊंचे हमने
पानी रोक दिया है
खोदकर अनगिनत सुरंगे
नदियों का जल झोंक दिया है।
हां, सोखी अनगिनत जलधाराएं

और तोड़ीं हैं निज मर्यादाएं
मानव जीवन सुखी करने को
हर सीमा को लांघ दिया है।
जनमानस है दास तुम्हारा
साधिकार तुमसे जल दान लिया है
और अक्षय ऊर्जा पाने की खातिर
टरबाइनों को तान दिया है।
तुम्हारी जलराशि से हमने मां
विद्युत आवेश पा लिया है।
गतिज ऊर्जा, यांत्रिक में ढाली
चहुं ओर प्रकाश फैला दिया है।
सभी अवयव हैं पहचान तुम्हारी
द्रव्यमान हों या ऊर्जा भारी।
नहीं कोई अंतर रूपांतर सारा
गतिज, यांत्रिक या विद्युत धारा।
तुम्हीं भवानी तुम्हीं शिवाला
तुम्हीं दिनकर, तुम्हीं उजाला
अनेक रूप हैं, तुमने धारे
मिली तुम्हीं से धरम की शिक्षा
हमने प्रज्ञा-पान किया है
भौतिक सुविधा देन तुम्हारी
तुम्हीं ने विज्ञान दिया है
मां!! हम नित नया निर्माण करेंगे
दृढ़ संकल्पित कल्याण करेंगे
मानव हित है ध्येय हमारा
हम वैज्ञानिक अनुष्ठान करेंगे
आशीष हमें दो, हे जन कल्याणी!!
हम संकल्पित, उत्थान करेंगे।
जन-मन में कर, चेतना जागृत
गहन निशा में, प्रकाश भरेंगे।

∞

(4) ये वृक्षों का संसार है

ये वृक्षों का संसार है
बना अरण्य आधार है।
अतुलनीय छटा है इसकी
ये वसुधा का श्रृंगार है।
ये वृक्षों का संसार है।।

प्रकृति सजी आभूषण से
सबल समृद्ध परिवार है।
पर्वत शिखर से केश हैं
धारे तपस्वी वेश हैं।
मौन साधना करते रहते
ऋषियों सम व्यवहार है।
ये वृक्षों का संसार है।।

आंचल हैं अनेक औषधियां
रोग निवारक जड़ी बूटियां
जीव, जंतु, खर पतवार हैं
कंद मूल फल फूल लपेटे
जैव विवधता विस्तार है।
अति संपन्न परिवार है।
ये वृक्षों का संसार है।।

वर्षा ताप सब कुछ सहते
सहनशील तनिक ना डिगते
जल चक्र संचालित इनसे
ये वर्षा का आधार हैं।
ईश्वर का उपहार हैं।
ये वृक्षों का संसार है।।

प्रदूषण उन्मूलन करते रहते
प्राण वायु भी मिलती इनसे
बहुत बड़ा उपकार है।

ये वृक्षों का संसार है।।
जड़ें धरा को थामे रहती
मिट्टी तनिक ना बहने देतीं
अनेक प्रजातियां इनकी थाती
अपरिमित खनिज भण्डार हैं।
वनस्पतियां असंख्य अपार हैं
महिमा इनकी अपरम्पार है
इन्हें शत-शत नमस्कार है
इन्हें शत-शत नमस्कार है।
ये वृक्षों का संसार है।

∞

विज्ञान कविताएं

यशपाल सिंह 'यश'

जन्म : अप्रैल, 1956

जन्म-स्थान : भंगेला (मुजफ्फरनगर) उत्तर प्रदेश

शैक्षणिक योग्यता : B.Sc., M.A. (English Literature), CAIIB, Certificate in Food and Nutrition, pursuing M.Sc. in Dietetics and Food Management Services.

लेखन : पिछले 15 साल से कविताएं और लेख लिख रहा हूं। मेरी कविताओं का एक संग्रह, 'मंजर गवाह हैं' अप्रैल, 2016 में प्रकाशित हुआ। अभी हाल ही में 'हिंदी गीता काव्य' नाम से दूसरी पुस्तक प्रकाशित हुई है, जिसमें गीता के सभी श्लोकों को सरल हिंदी दोहों के रूप में प्रस्तुत किया गया है और 'आंखिन देखी' मेरी तीसरी काव्य कृति है।

अन्य महत्त्वपूर्ण साहित्यिक गतिविधियां :

भारत सरकार के विज्ञान और तकनीकी मंत्रालय के अंतर्गत विज्ञान प्रसार विभाग द्वारा आयोजित विज्ञान कवि सम्मेलन में अपनी रचनाएं प्रस्तुत करने का सम्मान प्राप्त हुआ। दूरदर्शन के डी डी साइंस कार्यक्रम में मेरी कविताओं का प्रसारण हुआ। आकाशवाणी के संस्कृति दर्शन कार्यक्रम में मेरी कविताओं का और उस दौरान हुई बातचीत का सीधा प्रसारण किया गया।

ईमेल : singhyeshpal3@gmail.com

वर्तमान निवास : गुड़गांव (हरियाणा)

(1) प्यारे विक्रम

हमने छोड़ा था तुम्हें बस कक्ष तक
पहुँचना था खुद तुम्हें अब लक्ष्य तक
मार्ग यहां तक भी कहां आसान था?
इसी आगे पर निपट अनजान था
दक्षिणी ध्रुव का निशाना था कठिन
उस सतह पर उतर पाना था कठिन

बढ़ रहे थे तुम मगर निर्भीक से
राह पर अंतिम चरण तक ठीक से
अब जो मुश्किल काम करना था वहां
तुमको आहिस्ता उतरना था वहां

वेग था ज्यों-ज्यों तुम्हारा घट रहा
एक पल यहां एक पहर सा कट रहा
जो इरादा चाँद को छूने को था
स्वप्न पूरा आज वो होने को था

छोड़ दोगे चाँद पर प्रज्ञान को
दोगे एक मंजिल नई विज्ञान को
ढूंढ लोगे जल कहां जीवन कहां
और खनिज मौजूद क्या-क्या किस जगह

सामने अब चंद्रमा का छोर था
एक मिनट का रास्ता बस और था
तब न जाने क्या यकायक घट गया
तुमसे हर संपर्क अपना कट गया

सांस जहां का तहां सभी का थम गया
था जहां उल्लास, छा मातम गया
गर्व के बाजू अचानक झुक गए
प्यारे विक्रम तुम कहां पर रुक गए?

क्या कहीं अंतरिक्ष में तुम खो गए
चाँद के आगोश में या सो गए
भूल या कुछ हो गई विज्ञान से
तुम गए टकरा किसी चट्टान से?

खैर जो भी हो गया कुछ गम नहीं
जो हुआ उपलब्ध वो कुछ कम नहीं
भेंट बेशक आज विक्रम चढ़ गया
एक कदम विज्ञान आगे बढ़ गया
ऑर्बिटर नभ का परिंदा है अभी
और अपना ख्वाब जिंदा है अभी।

oo

(2) एक कदम विज्ञान

एक सेब का पेड़ था, बीच खड़ा मैदान
गिरते थे हर रोज फल, नहीं किसी को भान
एक दिन रुक कर किसी ने, खुद से किया सवाल
आखिर नीचे को सदा, क्यों गिरते ये आन
गुरुत्वाकर्षण का लिया, न्यूटन ने संज्ञान
प्रश्न उठा तो बढ़ गया, एक कदम विज्ञान

आर्कमिडीज टब में घुसा, मन में लिए सवाल
छलका टब से बाहर जल, तो आया उसे ख्याल
जल विस्थापन का मिला, उसे नया सिद्धान्त

जितना ज्यादा आयतन, उतना अधिक उछाल
'यूरेका' पल से मिले, बड़े-बड़े जलयान
प्रश्न उठा तो बढ़ गया, एक कदम विज्ञान।

जाते थे जल-पोत से, मन में उठा प्रसंग
सागर के जल का भला, नीला क्यों है रंग
'जल से विकिरण' पर किया, शुरू उन्होंने शोध
आवृत्ति बदलाव का, हुआ रमन को बोध
रमन प्रभाव कहा गया, उनका अनुसंधान
प्रश्न उठा तो बढ़ गया, एक कदम विज्ञान।

प्रश्न पूछते जाइए, प्रश्न ज्ञान का मूल
प्रोत्साहन दो प्रश्न को, घर, कॉलेज, स्कूल
प्रश्न उठाया पार्थ ने, बीच युद्ध मैदान
मिला कर्म विज्ञान तब, और गीता का ज्ञान
विकसित हो विज्ञान, जहाँ प्रश्नों का सम्मान
प्रश्न उठा तो बढ़ गया, एक कदम विज्ञान।
∞

(3) मंगलयान

कभी लिखा जब जाएगा, इसरो का इतिहास
शायद होगा शीर्ष पर, दिन वो सबसे खास
जिस दिन मंगल कक्ष में, हमने किया प्रवेश
पहुंचे थे अब तक जहां, सिर्फ तीन ही देश
यू. एस., यूरोप, रूस बस पहुंचे थे ये तीन
कोशिश उसने की मगर, सफल हुआ ना चीन।

छब्बीस माह में एक दफा, आती कुछ तारीख
मंगल, पृथ्वी परस्पर, जब सबसे नजदीक

विज्ञान कविताएं

संभव तब ही साधना, मंगल से संपर्क
था निर्णय के पक्ष में, एक यही बस तर्क
बाकी सारे तर्क थे, निर्णय के विपरीत
सीमित संसाधन बहुत, और सीमित तकनीक
था उपग्रह ही छोड़ने, का अब तक अभ्यास
अंतर-ग्रह अनुगमन का, था ये प्रथम प्रयास।

पहले का अनुभव नहीं, ना बाहरी सहयोग
फिर भी हिम्मत साध कर, निकल पड़े वो लोग
जिस रस्ते चल कर गए, अब तक तीनों देश
उसकी खातिर चाहिए, साधन बड़े विशेष।

पी.एस.एल.वी था मगर, क्षमता अपर्याप्त
बीच मार्ग हो जाएगा, ईंधन कहीं समाप्त
मार्ग बहुत लंबा मगर, छोटा अपना यान
बदलो या तो रास्ता, या छोड़ो अभियान
मार्ग चुनो कुछ इस तरह, ईंधन कम हो खर्च
और हल्के हों उपकरण, इस पर चला विमर्श।

प्रक्षेपण में शेष था, मुश्किल से एक साल
लगे रहे दिन रात सब, हल हो गए सवाल
बन जाती है राह वहां, चाह जहां मजबूत
इसरो ने जग को दिया इसका एक सबूत।

था प्रक्षेपण के लिए, सब कुछ अब तैयार
बस मौसम अनुकूल हो, इतनी थी दरकार
होता है विधि का मगर, अपना एक विधान
शायद होना सब्र का, बाकी था इंतहान।

पैसिफिक में घिर गया, एक बड़ा तूफान
प्रक्षेपण टलता गया, दिन-दिन, सुबह-शाम

लगता था सब व्यर्थ ही, जाएगा संघर्ष
चूके जो इस बार तो, खो देंगे कुछ वर्ष।

सब्र और संतोष का, अहम बहुत किरदार
कर्म किया जो हाथ था, फल नाहीं अधिकार
आठ दिनों चलता रहा, कुदरत का व्यवधान
बा-मुश्किल संभव हुआ, अंत समय प्रस्थान।

कोटि बायालिस मील और, चला तीन सौ रोज
करता मंगलयान था, मंगल ग्रह की खोज
दो हजार चौदह, सेप्टेम्बर चौबीस, ऐसा पर्व
इसरो पर जिस दिन हुआ, दुनियाभर को गर्व।

मंगल ग्रह के कक्ष में, पहुंचा मंगलयान
ऑटो से सस्ता कहा, मोदी ने अभियान
हॉलीवुड की फिल्म का, जितने में निर्माण
उससे भी कम खर्च में, पहुंचा मंगलयान
अनुमानित आयु रही, जिसकी बस एक साल
दिन हजार पूरे किए, उसने हाल फिलहाल।

सबकी पहली कोशिशें, जहां रहीं नाकाम
हमने प्रथम प्रयास में, हासिल किया मुकाम
जो साधन संपन्न हैं, जहां सुलभ सब चीज
कभी-कभी उसमें निहित, नाकामी के बीज।

○○

(4) खिचड़ी और प्रोटीन

खिचड़ी को अपनाइए खिचड़ी के गुण तीन
सुगम पके, जल्दी पचे, दे सम्यक प्रोटीन।

विज्ञान कविताएं

भिन्न-भिन्न प्रोटीन से, निर्मित सकल शरीर
इसीलिए प्रोटीन की कमी, बात गंभीर।

बीस अमीनो-अम्ल से, बनती सब प्रोटीन
ग्यारह भीतर ही बने, नौ भोजन आधीन।

नौ के नौ देते नहीं, ना चावल ना दाल
पर दोनों के मेल से, दोनों मालामाल।

एक दूजे की कमी को, कर देते हैं पूर्ण
देती खिचड़ी इसलिए, प्रोटीनें सम्पूर्ण।

प्रोटीनों में शीर्ष पर अंडे को अभिषेक
शाकाहारी को मगर खिचड़ी नम्बर एक।

खिचड़ी लेकर प्लेट में, संग दही के खाए
गुणवत्ता प्रोटीन की, फिर दुगनी हो जाए।

और थोड़ी सब्जी हरी, का हो यदि उपयोग
खिचड़ी से पोषक नहीं, फिर कोई भी भोग।

'यश' ने खिचड़ी का किया, इतना जो गुणगान
हफ्ते में एक बार तो, दो इसको सम्मान।

OO

अरुण कुमार पासवान

पिता का नाम : स्व. हीरालाल पासवान

जन्मतिथि : 17.12.1958

स्थाई पता : ग्राम व डाकघर- धुआबै, थाना- सनोखर, जिला-भागलपुर, बिहार

शैक्षणिक योग्यता : एम.ए.त्रय, विधि स्नातक

कार्यक्षेत्र : आकाशवाणी से सहायक निदेशक, कार्यक्रम के पद से सेवानिवृत्त

लेखन विधा : नाटक, कहानी, लेख, कविता

प्रकाशन : पितृऋण (पिता जी को श्रद्धांजलि स्वरूप, संस्मरणात्मक, गद्य संग्रह), अल्मोड़ा के गुलाब (काव्य संग्रह), शब्द-संसार, पंजाब-सौरभ तथा साहित्य-कलश तथा नागरी लिपि परिषद की 'नागरी-संगम', साहित्यिक पत्रिकाओं में रचनाएँ प्रकाशित, सात संपादित संग्रहों में भी रचनाएँ प्रकाशित। 'जुहू-बीच' तथा 'अपना वतन' शीर्षक काव्य-संग्रह शीघ्र प्रकाशनीय।

वर्तमान पता : ए-8/1608, निराला एस्पायर, ग्रेटर नोएडा, पश्चिम, उत्तर प्रदेश

मोबाइल : +91 98103 60675:

मो. : 9810360675,

ई-मेल : arunkrpaswan1958@gmail.com

(1) महायुद्ध

हाँ महायुद्ध ही तो है,
एक ऐसा महायुद्ध,
जिसमें सम्पूर्ण विश्व शामिल है,
बस, एक अधिनायक के खिलाफ।
इस आततायी अधिनायक को,
तख्तोताज नहीं चाहिए,
कोई साम्राज्य नहीं चाहिए,
इसे चाहिए सिर्फ आदमी का खून,
इस बर्बर की इच्छा केवल विनाश,
यह कंस नही, यह हेरोद नहीं,
यह हठी दुर्योधन भी नहीं,
इसे सिर्फ आदमी चाहिए, हत्या के लिए
और विवश आदमी की इच्छा,
केवल युद्ध का अंत, केवल जिंदगी,
कोई शस्त्रास्त्र नहीं किसी के पास,
हाथ तक बँधे हैं सब के।
और अधिनायक सुसज्जित
हर तरह के शस्त्रास्त्र से,
कोई तोड़ नहीं, आदमी के पास,
कोई व्यूह नहीं, सिवा बचाव के;
सब एकजुट उस अधिनायक के विरुद्ध,
किंतु, सब अपने को सीमित करने,
अपनी सीमा सील करने को मजबूर।

कैसी विडम्बना है इस संहारी महायुद्ध की,
सब को लड़ना है, आततायी के खिलाफ,
लेकिन अकेले-अकेले, एकत्र होकर नहीं,
आततायी अधिनायक चाहता है
कि सब एकजुट होकर लड़ें उससे,
पर हम हो नहीं सकते एकजुट,
हाँ, एकमत हो सकते हैं,
एक-दूसरे का हित चाहते हुए,
अपने-अपने हिस्से की लड़ाई
अवश्य लड़ सकते हैं,
आततायी अधिनायक 'कोरोना' से।

∞

(2) वृक्षारोपण

मनुष्य ने जब,
जानवरों से अलग होना सोचा,
तो सबसे पहली जरूरत समझी
जंगल छोड़ने की।
जानवर जंगलों में रह गए
और जंगलों को उजाड़कर मनुष्य ने
बना लिए घर, बसा लीं बस्तियाँ।
घर, बिस्तर, खूँटे, खूँटियाँ,
नाव, जहाज, टेबल, कुर्सियाँ,
यानी उसकी जरूरत की हर चीज
बनाने के लिए, काटते रहे वृक्ष,
उजाड़ते रहे जंगल।
यहाँ तक कि, जानवरों से बचने को
या उन्हें आहार बनाने को,

तीर-कमान, भाला-बरछी जैसे
घातक हथियार भी बने
लकड़ियों के, या उनके सहयोग से,
जंगलों को काट कर ही।
फिर, आदमी बढ़ते रहे,
जंगल काट कर बसते रहे।
पेड़ों के जंगलों की जगह
कंक्रीट के जंगलों ने ले ली।
जहाँ कंक्रीट के जंगल ज्यादा फैले
उसे शहर, नगर, महानगर का
नाम दे दिया गया।
पर आज भी, कंक्रीट के जंगलों में
मुम्बई का कोई सानी नहीं;
गगनचुम्बी इमारतों की संस्कृति में
गगन के सबसे नजदीक,
मुम्बई के होंठ ही हैं।
लेकिन अब, जबकि जानवर और जंगल
दोनों की सुरक्षा, दोनों का संवर्द्धन
अनिवार्य हो गया है, आदमी के हित में,
तो अग्रणी है मुम्बई,
इस पहल की भी फेहरिस्त में,
तैंतीस करोड़ वृक्षारोपण के,
महान संकल्प के साथ।
पर तैंतीस करोड़ क्यों?...
शायद हिन्दू संस्कृति में
तैंतीस करोड़ देवी-देवताओं की
मान्यता के चलते।...
यूँ ही नहीं है कि देवी-देवता भी
कामना करते हैं, अवतरित होने की...
हमारे ही देश में।

OO

(3) कहानी बनता पानी

कभी होते थे जंगल,
पेड़-पौधों के, झाड़-झंखाड़ के,
जो आकर्षित करते थे बादल,
रोकते थे, भू क्षरण;
अपने-अपने बाग-बगीचे,
फुलवारियाँ भी लगाते थे लोग।
समय से वर्षा होती थी, सर्दी आती थी,
लोग सक्षम होते थे
प्राकृतिक-हवा से, गर्मी सहने में,
पसीना बहा कर जीते रहने में,
बस ताड़, खजूर के, गेहूँ की डंठल के
पँखे बना कर रंग-बिरंगे,
हाथ से चला कर, आनन्द लेने में।
कुएँ होते थे, फिर चापाकल आया,
ताल-तलैये, नदियाँ, झरने तो थे ही।
अभाव था खाने-पीने का, आम लोगों में,
पर लोग फल-फूल, साग-सत्तू खा कर,
आधा पेट भी सही,
भर-पेट पानी पी लेते थे, मगन रहते थे।
अब बहुत कुछ है लोगों के पास ;
भूख है, पर पहले के मुकाबले बहुत कम,
ऊँचे-ऊँचे, खूबसूरत मकान हैं,
पत्थरों के, शीशों के, लोहे-लकड़ियों के,
लगातार वनरोपण-अभियान के बाद भी
जंगलों का वो अनुपात मगर कहाँ!
गगनचुंबी, कंक्रीट के जंगल,
गाँवों-खेतों को लील कर
अट्टहास करते शहर, महानगर,

विज्ञान कविताएं

सोख गए हैं, धरती का रस।
समुंदर किनारे के लोग भी,
जूझने लगे हैं, पेय-जल के संकट से,
पानी को बेवजह बहाने वाले,
दिखावे के लिए, पानी बर्बाद करने वाले,
पढ़े-लिखे, विकसित, ज्ञानी लोग,
वैसे ही तड़प-तड़प कर, लड़ेंगे-मरेंगे,
पानी पीने के लिये;
जैसे तड़प-तड़प मरती हैं मछलियाँ,
बिना पानी के।

○○

(4) सुबह की सैर

खुली हवा की सैर, सुबह-सुबह,
प्रदान करती है प्राणवायु,
आज भी जानता है आदमी,
पर आज वो यह भी जानता है,
कि पूरा सच नहीं ये।
परम्परा से चल रही नसीहत,
दुहराते रहते हैं हम आज भी,
बिना यह जाने कि अपेक्षाकृत,
कम धूलकणों से युक्त हो
सुबह की हवा शायद,
पर चरित्र बदल दिया है हमने,
अब वायुमंडल का।...
बचपन में पढ़ते थे, जीव जंतु
ऑक्सीजन की लेते हैं साँसें,
और छोड़ते हैं कार्बन डाइऑक्साइड,
जिसे ग्रहण करते हैं पेड़-पौधे,

ऑक्सीजन छोड़कर।
नीम और पीपल तो
प्रचुर मात्रा में देते हैं प्राणवायु,
यों ही नहीं लगाते और पूजते थे
हम पीपल और नीम।
अपनी सुविधा, आराम, विलासिता में
लेकिन कितना कुछ बदल दिया हमने?
लोग बढ़ते गए, वन बलि चढ़ते गए,
जंगल घटते गए पेड़-पौधों के
और ईंट-पत्थरों के बढ़ते गए।
घटती रही प्राणवायु धड़ल्ले से,
ऊपर से, दुपहिए, तिपहिये, चौपहिये,
फैक्टरी, मशीन, जेनेरेटर
डीजल, पेट्रोल, मोबिल, किरासन, गैसें,
कार्बन डाइऑक्साइड,
कार्बन मोनोऑक्साइड,
सल्फर ऑक्साइड, अमोनिया,
क्लोरो-फ्लोरो कार्बन का उत्सर्जन,
गैसों का रिसाव, अकाल मृत्यु,
अपंगता, घुटन, अवसाद।
और धूल, पराली की राख का
वायुमंडल में निर्बाध प्रवेश,
धुँआ, धुआँ, धुआँ और धुआँ,
धरती पर धुआँ, आकाश में धुआँ,
फटती ओजोन परत, गर्म होता संसार।
अब वायुमंडल प्राणवायु कम
प्राणसंकट ज्यादा देता है,
सब खाँसते है, सब का दम फूलता है,
फॉग कम, स्मॉग अधिक होता है
ऑड-इवन कोई काम नहीं देता है।

विज्ञान कविताएं

और हिदायतें दी जाती हैं,
फॉग के दिनों में, स्मॉग के दिनों में,
लोग सुबह की सैर न करें।
फिर प्रकृति ही तरस खाती है,
तरस खाकर मेह बरसाती है,
तो मौसम विज्ञानी देते हैं रिपोर्ट,
हवा में प्रदूषण का स्तर, घातक नहीं।
रोग और मौत के व्यापारी 'हमलोग',
फिर भी करते हैं प्रकृति से खिलवाड़,
भले ही घटती रहे प्राणवायु,
कोई मदद न कर पाये सुबह की सैर।

○○

राकेश जुगरान

जन्म – 26 जून, 1964, पौड़ी गढ़वाल, उत्तराखंड।

शैक्षिक योग्यता – एम.एससी. (रसायन विज्ञान), एम.ए. (शिक्षा शास्त्र), बी.एड., पी.जी.पी.डी. (विशेष शिक्षा)।

संप्रति– प्राचार्य, जिला शिक्षा एवं प्रशिक्षण संस्थान, देहरादून, उत्तराखंड।

प्रकाशन– कविता संग्रह-अंतर्द्वंद्व।

सामूहिक कविता संग्रह-सपनों के मोरपंख, नई सदी के हस्ताक्षर।

सम्मान–

1. अखिल भारतीय राष्ट्र भाषा विकास संगठन गाजियाबाद, उ.प्र. द्वारा 'राष्ट्र गौरव सम्मान'।, 2. विक्रमशिला हिंदी विद्यापीठ, गांधीनगर, बिहार द्वारा 'विद्या वाचस्पति' उपाधि। 3. अखिल भारतीय भाषा साहित्य सम्मेलन भोपाल, म.प्र. द्वारा 'समन्वयन श्री' सम्मान। 4. अखिल भारतीय सर्वभाषा संस्कृति समन्वय समिति द्वारा 'भाषा भारती' सम्मान एवं 'संस्कृति समन्वय' सम्मान। 5. राष्ट्रीय बाल साहित्य सम्मान समिति द्वारा 'बाल प्रहरी सृजन श्री' सम्मान। 6. हिमाक्षरा राष्ट्रीय साहित्य परिषद रायसेन मध्य प्रदेश द्वारा 'अष्ठ क्षेत्रीय' एवं 'साहित्य भूषण' सम्मान। 7. कायाकल्प साहित्य कला फाउंडेशन नोएडा द्वारा 'साहित्य श्री' सम्मान।

विशेष–

1. समकालीन साहित्य सम्मेलन मुम्बई द्वारा आयोजित अंतर्राष्ट्रीय सम्मेलन मॉरीशस एवं श्रीलंका में प्रतिनिधित्व एवं सम्मान। 2. हिमालय कला एवं साहित्य परिषद उत्तराखंड द्वारा आयोजित अंतर्राष्ट्रीय साहित्य सम्मेलन थाईलैंड (बैंकॉक) में प्रतिभाग।

मो. – 7055522591, ईमेल – rakesh.jugran@gmail.com

(1) पॉलिथीन

एथीलीन की बहुलक हूँ मैं,
नाम मेरा कुख्यात,
प्लास्टिक की बड़ी बहन हूँ,
ना सर है ना गात,
रंग अनेकों, रूप विविध हैं,
चिकनी और महीन,
हाँ मैं पॉलिथीन।

सीमित हो उपयोग अगर,
मैं बड़े काम की चीज,
झोपड़ियों का दर्द देख,
दिल जाता मेरा पसीज,
लड़ूँ हवा, पानी से हरदम,
मेरा भी है दीन,
हाँ मैं पॉलिथीन।

सुविधाभोगी मानव तूने,
बहुत अधिक उपयोग किया,
परिणामों की अनदेखी की,
हद से ज्यादा भोग किया,
सीमा लांघ चुका है अब,
मैं कैसे रहूं जहीन?
हाँ मैं पॉलिथीन।

हैं पदार्थ की तीन अवस्था,
ठोस, द्रव और गैस,
सहज वरण कर लेती सबका,
चहुंदिश मेरा क्लेश,
पर्वत, सागर, नदियाँ, झरने,
वादी कोई हसीन,
हाँ मैं पॉलिथीन।

मेरे आगे सब बेबस हैं,
राजा हो या रंक,
हाहाकार मचा है जैसे,
आर्तनाद का शंख,
ना मैं बायो-डिग्रेडेबल,
होती नहीं विलीन,
हाँ मैं पॉलिथीन।

मुझे जलाकर भस्म करोगे,
रूप बदल कर आऊँगी,
क्लोरोफ्लोरोकार्बन बन,
ओजोन परत खा जाऊँगी,
भस्मासुर भी पानी मांगे,
इतनी हृदयहीन,
हाँ मैं पॉलिथीन।

मिट्टी में मिलकर खेतों की,
उर्वरता को नष्ट करूँ,
पर्यावरण की दुश्मन हूँ मैं,
नाली रोकूँ त्रस्त करूँ,
दुनिया है मेरी गिरफ्त में,
रानी हूँ मैं क्वीन,
हाँ मैं पॉलीथीन।

विज्ञान कविताएं

मानव, पशु हों या हरियाली,
सबको मैं बीमार करूँ,
प्लास्टिक, फिल्मे, थैले, बोतल,
रूप बदल संहार करूँ,
सबको नाच नचा दूंगी मैं,
महाकाल की बीन,
हाँ मैं पॉलिथीन।

जल, जमीन, जंगल ही जीवन,
इन्हें बचा ले कर ले ये प्रण,
मेरा कर परित्याग पूर्णत:,
अब भी मानव करले चिंतन,
कागज, कपड़े के प्रयोग से,
रहती हूँ गमगीन,
हाँ मैं पॉलिथीन।

OO

(2) क्या है विज्ञान

गिरे सेब को खाकर न्यूटन, भीड़ में शामिल हो जाता,
गुरुत्वाकर्षण के रहस्य को, कौन हमें समझा पाता?

क्रिया पर प्रतिक्रिया यूँ कितनी साधारण बात है?
चंद्रयान प्रक्षेपण गौरव, इसकी ही सौगात है।

रेल गाड़ियां दौड़ रही हैं, सफर हुआ कितना आसान?
जेम्सवाट के आविष्कार का पूरी दुनिया में सम्मान।

चर्च की सत्ता के आगे, कॉपरनिकस हार गया होता,
तो आज भी सूरज धरती के ही चक्कर काट रहा होता।

तब किसने पहचाना होगा, गोल-गोल पहिये का राज?
दुनिया के सारे विकास की धुरी जो बन बैठा है आज।

जगदीश चंद्र ने पौधों में भी जीवन ढूंढ निकाला था,
वैज्ञानिक के दिल-दिमाग का ये संजोग निराला था।

हरित क्रांति और श्वेत क्रांति का बिगुल नहीं फूंका जाता,
सोचो इतनी जनसंख्या का पोषण कैसे हो पाता?

खाना-पीना, सोना-उठना पशुता की पहचान है,
अवलोकन, चिंतन, प्रयोग ही मानवता का ज्ञान है।

विज्ञान विषय भर नहीं है ये सम्यक एक नजरिया है,
वैज्ञानिक है युगदृष्टा, प्रदर्शक, नाव खिवैय्या है।

ये मानवता के सच्चे सेवक, जीवन होम नहीं करते,
तो हम आज सभ्य होने का, दंभ भला कैसे भरते?

पत्थर युग से आगे बढ़कर जो कुछ हमने पाया है,
ये उनकी ही सूक्ष्म दृष्टि का चमक रहा सरमाया है।

∞

(3) जीवन दर्शन

जीवन क्या है?
अंडे-मुर्गी का विवाद,
या स्वत: जननवाद,
कोशा का खेल,
या तत्वों का मेल,
श्वास-नि:श्वास,

या अतृप्त प्यास,
ऑक्सीजन का बहाव,
वरना डगमग नाव!!

या कुछ और,
चलो करें गौर,
दादी-नानी की कहानी,
या शुद्ध पानी,
सलोना सपना है,
यथार्थ अपना है,
कलकल बहती गंगा,
या अनंत आकाश गंगा!!

माँ की गोद, कर्तव्यबोध,
जीवन है एक विराट शोध,
छोटी सी जान है,
लेकिन तूफान है,
वाद-विवाद,
सुख-दु:ख का स्वाद,
सर्वश्रेष्ठ की जीविता है,
डार्विन वाद।

जीवन ज्ञान है विज्ञान है,
शोध का संधान है,
जीवन एक पहेली है,
हमने खेली-झेली है।
∞

(4) जंगल के मासूम परिंदे

जंगल के मासूम परिंदे और जीव,
मेरे गांव के समस्त सजीव,
नहीं जानते ग्रीन हाउस इफेक्ट,
फिर भला क्या करेंगे रिएक्ट,
विज्ञान की बातें,
वो नहीं समझ पाते।

मछलियां अनजान हैं,
मेरे गांव के गधेरे की,
उन्हें नहीं है खबर,
आगे के अंधेरे की,
कि पारिस्थितिकी बदल चुकी है,
ग्लेशियर पिघल रहे हैं,
और नदियां रुकी हैं।

विश्व पर्यावरण सम्मेलनों में,
जो भी हो रहा है,
वो धरातल पर,
अपना अर्थ खो रहा है।

हाँ जंगल कटने की बात,
और नदियों का जिक्र,
बढ़ा देता है हमारी फिक्र
कि अगर जंगल नहीं होंगे,
तो हम कहाँ होंगे!!!
∞

रामवरण ओझा

जन्म - 9 नवम्बर, 1954

शिक्षा - स्नातक (हिन्दी साहित्य विशारद)

प्रकाशित पुस्तकें- 1-जीवन दर्शन (खंडकाव्य) 2- मोक्षदायिनी गंगा, 3- नमामि मातु नर्मदे 4- अमर अवधूत श्री धूनीवाले दादाजी ये तीनों ही (2, 3, 4,) खंडकाव्य महामहिम राष्ट्रपति डॉ. शंकर दयाल जी शर्मा के कर कमलों द्वारा लोकार्पित। 5- भगवान श्री हरी विठ्ठल लीलामृत (गद्य), 6-मेरा नदी किनारे गांव (कविता संग्रह), 7-मेरी अल्जीरिया यात्रा (यात्रा वृतांत), 8- घर-घर अक्षर दीप जलाओ (प्रौढ़ शिक्षा पर आधारित कविता संग्रह)।

काव्य पाठ - आकाशवाणी खंडवा, इंदौर, ग्वालियर, दूरदर्शन ग्वालियर, सुदर्शन न्यूज पर सतमोला कवियों के कार्यक्रम में काव्य पाठ, अखिल भारतीय कवि सम्मेलनों में काव्य पाठ जैसे- शिर्डी, गोवा, मंसूरी, शिमला, श्रीनगर गढ़वाल, अंडमान निकोबार में अखिल भारतीय सर्व भाषा संस्कृति समन्वय समिति के दो दिवसीय राष्ट्रीय साहित्य अधिवेशन में कविता पाठ। सुलभ इंटरनेशनल दिल्ली के कार्यक्रम में काव्य पाठ, भारत सरकार के संस्कृति मंत्रालय दिल्ली में काव्य पाठ, मुंबई में सर्वभाषा संस्कृति समन्वय समिति के कार्यक्रम सारेगामापा स्टूडियो में कवि सम्मेलन में काव्य पाठ, विज्ञान एवं प्रौद्योगिकी विभाग भारत सरकार द्वारा रुड़की में आयोजित विज्ञान कवि सम्मेलन में काव्य पाठ, ग्वालियर मेला प्राधिकरण के कवि सम्मेलन में काव्य पाठ और भी देश के विभिन्न कवि सम्मेलनों में काव्य पाठ।

रचनाओं का प्रकाशन - कादम्बिनी (हिन्दी पत्रिका) हिंदुस्तान टाइम्स

लिमिटेड का प्रकाशन, मंगलदीप (मुंबई), संपर्क भाषा भारती (हिंदी पत्रिका दिल्ली), मध्य भारत हिंदी सभा गवालियर की पत्रिका इंगित, देश के राष्ट्रीय समाचार पत्रों जैसे- दैनिक भास्कर, स्वदेश आदि में रचनाओं का प्रकाशन। कविताएं यू ट्यूब पर भी उपलब्ध।

सम्मान- अखिल भारतीय सर्वभाषा संस्कृति समन्वय समिति की ओर से साहित्य साधना सम्मान, सृजन श्रेष्ठ सम्मान, आध्यात्मिक साहित्य गौरव सम्मान करनाल, आध्यात्मिक काव्य भूषण सम्मान लखनऊ, जेष्ठ नागरिक सम्मान पुणे, मध्य भारतीय हिंदी साहित्य सभा ग्वालियर द्वारा सम्मान और भी विभिन्न साहित्यिक संस्थाओं द्वारा समय-समय पर कवि सम्मेलनों में सम्मान।

सदस्यता- अखिल भारतीय सर्वभाषा संस्कृति समन्वय समिति दिल्ली, मध्य प्रदेश हिंदी साहित्य सम्मेलन के आजीवन सदस्य, पूर्व संयोजक कादंबिनी क्लब खंडवा एवं ग्वालियर।

निवास- एल-13 अमलतास कॉलोनी, भिण्ड रोड ग्वालियर (मध्यप्रदेश) पिन कोड - 474005
मोबाइल नंबर- 9826221342, 8319595032

विज्ञान कविताएं

(1) विज्ञान के चमत्कार

हुई आधुनिक दुनिया सारी, खूब तरक्की पाये हैं।
विज्ञानों के चमत्कार से, दुनिया नई बनाये हैं।

1

हम तो आदि मनुज थे लेकिन, धीरे-धीरे काम किया।
पत्थर से पत्थर टकराकर, आग जलाना सीख लिया।।
धीरे-धीरे मोटर गाड़ी, हमने रेल बनाई है।
अब हम उड़ते आसमान में, यात्रा हुई हवाई है।।
आना-जाना सरल हुआ है, बचत समय की पाये हैं।
विज्ञानों के चमत्कार से, दुनिया नई बनाये हैं।।

2

पानी से विद्युत निर्मित कर, घर-घर किया उजाला है।
अब तो बिजली के बल पर ही, उद्योगों का मेला है।।
देख रहे हैं हम दुनिया को, नया चित्रपट आया है।।
फ्रिज, टीवी, वाशिंग मशीन ने, जीवन सुखद बनाया है।।
नई खोज है, नई प्रगति है, नई रोशनी लाये हैं।
विज्ञानों के चमत्कार से, दुनिया नई बनाये हैं।।

3

कम्प्यूटर पर काम हो रहा, इन्टरनेट सहारा है।
करते हैं ईमेल कहीं भी, मोबाइल भी प्यारा है।।
खड़े किये हैं टावर हमने, सब कुछ सेटेलाइट में।
दिन में भी हम काम कर रहे, करते पूरी नाइट में।।
एक रिमोट हाथ में लेकर, दुनिया खूब नचाये हैं।।
विज्ञानों के चमत्कार से, दुनिया नई बनाये हैं।।

4

थर्मामीटर, बैरोमीटर, सारे मीटर बना लिये।

घूम रहे हैं हम धरती पर, खुद को ट्यूटर बना लिये।।

घटते-बढ़ते तापमान का, हम नित लेखा करते हैं।

मोबाइल की स्क्रीनों पर, मौसम देखा करते हैं।।

खतरा है ओजोन परत पर, वैज्ञानिक बतलाये हैं।

विज्ञानों के चमत्कार से, दुनिया नई बनाये हैं।

5

अणु, परमाणु बनाये हमने, और मिसाइल मेल किया।

एक बटन पर जीना-मरना, ये जीवन का खेल किया।।

विज्ञानों के चमत्कार हैं, आविष्कार हमारे हैं।

उड़-उड़ करके फोटो खींचे, ड्रोन सभी को प्यारे हैं।।

चंद्रयान से चांद पहुंचकर, नई मशाल जलाये हैं।

विज्ञानों के चमत्कार से, दुनिया नई बनाये हैं।।

हुई आधुनिक दुनिया सारी, खूब तरक्की पाये हैं।।

○○

(2) दिन हो गये भौतिकी अपने, रातें हुई रसायन

आकर्षक से उत्प्लावित हो, उत्पन्नित रागायन।

दिन हो गये भौतिकी अपने, रातें हुई रसायन।।

1

शब्द हुए हैं मीठे जब से, अधर चिपकते रहते।

मौन चासनी में आनंदित, रस में बहते रहते।।

नयनों से नयना टकराकर, हुआ बहुत-सा गायन।

दिन हो गए भौतिकी अपने, रातें हुई रसायन।।

2

रोम-रोम रोमांचित हो कर, क्रिया विशेषण करता।

गर्म ऊष्मा फेंक-फेंक कर, रस लावण्य बरसता।।

विज्ञान कविताएं

चुम्बक बनकर खींच रहा था, साधक मन रूपायन।।
दिन हो गए है भौतिकी अपने, रातें हुई रसायन।।

3

स्वांसों का स्पंदन ऐसा, रस विज्ञान लजाये।
भौतिक और रासायन मिलकर, नया घटक ले आये।
शब्द ऊर्जावान हो गये, लिखकर के गीतायन।
दिन हो गए भौतिकी अपने, रातें हुई रसायन।।
आकर्षक से उत्प्लावित हो, उत्पन्नित रागायन।।

∞

(3) नई सोच

नई सोच पर काम करेंगे, ज्ञान और विज्ञानों में।
वैसे तो ब्रह्मांड लिखा है, वेदों और पुराणों में।।

1

सब कुछ धरती के अंदर है, यह तो हमने जाना है।
हीरे, मोती, सोना, चांदी, सबका यहीं खजाना है।।
ढूंढ़ निकाली कई धातुएं, खोदी नई खदानों में।
वैसे तो ब्रह्मांड लिखा है, वेदों और पुराणों में।।

2

खोजेंगे हम नभ मण्डल में, कौन कहां पर कैसा है।
इन्द्र धनुष के रंग लिखेंगे, जो जैसा है वैसा है।।
सबको सही-सही परखेंगे, फिर से नये विधानों में।
वैसे तो ब्रह्मांड लिखा है, वेदों और पुराणों में।।

3

धरती के नीचे खोजेंगे, फिर से नई कहानी को।
अनुसंधान करके देखेंगे, इस पाताली पानी को।।
पहुंचे हैं रोबोट तलक हम, जोड़ा है इंसानों में।।
वैसे तो ब्रह्मांड लिखा है, वेदों और पुराणों में।।

∞

(4) आवश्यकता आविष्कार की जननी

आओ हम विज्ञान के चमत्कारों की बातें करें।
विज्ञान की तरक्की पर थोड़ा ध्यान धरें।।

विज्ञान हमारे जीवन में क्या प्रकाश लेकर आया है।
उसने जीवन को कैसे सुंदर बनाया है।।

मोटर कार, रेल, हवाई जहाज सब विज्ञान की ही देन हैं।
इससे समय तो बचा ही है यात्रा में भी चैन है।।

आज हम सोनोग्राफी, एक्सरे, खून की जांच मशीनों से करवा रहे हैं।
और परिणाम भी तुरंत पा रहे हैं।।

किस दवा की कितनी जरूरत है वही दवा खा रहे हैं।
विज्ञान की नई तकनीक से अपनी जान बचा रहे हैं।।

वाशिंग मशीन, फ्रिज, टीवी सब ने जिंदगी को सुखद बनाया है।
यह सुख हमने विज्ञान के चमत्कार से ही पाया है।।

कंप्यूटर मोबाइल से हम देश-विदेश में घर बैठे ही बातें कर रहे हैं।
और कई महत्त्वपूर्ण फाइलें भी कंप्यूटर में जमा कर रहे हैं।।

ईमेल, व्हाट्सएप, फेसबुक, मैसेंजर सब काम आ रहे हैं।
हम अपनी बात सेकण्डों में कहीं भी पहुंचा रहे हैं।।

सिनेमा की रंगीन फिल्में नए-नए कार्टून हमारे मनोरंजन के साधन हैं।
और वैज्ञानिक तकनीक से खेती का बढ़ गया उत्पादन है।।

अणु परमाणु मिसाइलें सब विज्ञान के एक बटन का खेल हैं।
जीवन के हर हिस्से का रिमोट कंट्रोल से मेल है।।

विज्ञान कविताएं

हम शरीर को जरा सा भी नहीं हिला रहे हैं।
बैठे-बैठे बस रिमोट चला रहे हैं।।

अब तो रसोई घर का भी आधुनिकता से नाता है।
गैस चूल्हा, इंडक्शन कुकर सबसे जल्दी खाना बन जाता है।।

किचन का बहुत सारा काम मिक्सी से हो जाता है।
विज्ञान का चमत्कार देखिए कुकर जोर-जोर से सीटी बजाता है।।

और यह बिजली विज्ञान का सबसे बड़ा चमत्कार है।
अब तो बिजली के बिना यह जीवन ही बेकार है।।

नए उद्योग भी हमने विज्ञान के आधार पर लगाए हैं।
विज्ञान से हम प्रगति के कई कीर्तिमान पाए हैं।।

विज्ञान के और भी कई चमत्कार हैं।
सब समय की जरूरत के अनुसार हैं।।

आवश्यकता को आविष्कार की जननी बताया है।
विज्ञान ने उसे पूरा करके दिखाया है।

○○

सविता चड्ढा

संक्षिप्त जीवन परिचय

28 अगस्त, 1953 को जन्मी श्रीमती सविता चड्ढा ने पर्याप्त उच्च शिक्षा प्राप्त की है। आपने एम.ए. हिंदी, एम.ए. अंग्रेजी के अलावा आपने पत्रकारिता, विज्ञापन और जनसंपर्क में डिप्लोमा किया है। दो वर्षीय कमर्शियल प्रैक्टिस डिप्लोमा (16 विषयों में) आपने प्रथम श्रेणी में विशेष योग्यता के साथ पास किया है।

प्रकाशित पुस्तकें - अब तक आपके 10 कहानी संग्रह, 2 बाल कहानी संग्रह, 6 काव्य संग्रह, 5 लेख संग्रह, 2 उपन्यास, 10 पत्रकारिता विषयक पुस्तकें प्रकाशित हो चुकी हैं। आपकी कहानियों पर शोध हो चुके हैं और हो रहें हैं। आपकी 3 कहानियों (बू, हमारी बेटी और विडंबना) पर टेलीफिल्म निर्माण हो चुका है, श्रीराम सेंटर के अलावा कई मंचों पर आपकी कहानियों का नाटक मंचन हो चुका है। लगभग सभी कहानियां आकाशवाणी पर प्रसारित हैं और हिंदी के अलावा पंजाबी में भी प्रसारित हो चुकी हैं। आपकी पहली कहानी 1982 में आकाशवाणी से प्रसारित हुई थी। आपकी पत्रकारिता की तीन पुस्तकें (नई पत्रकारिता और समाचार लेखन, पत्रकारिता सिद्धांत और स्वरूप, हिंदी पत्रकारिता, दूरदर्शन और फिल्में) दिल्ली पंजाब और पत्रकारिता विश्वविद्यालयों के पाठ्यक्रम में सहायक ग्रंथ के रूप में संस्तुत हैं।

यात्राएं - लंदन, न्यु जर्सी, पेरिस, नेपाल, यू.एस.ए., दुबई, हाँग काँग, ऑस्ट्रिया, नीदरलैंड, जर्मनी, हॉलैंड, सेल्सबर्ग, ताशकंद के अलावा देश के विभिन्न क्षेत्रों में महत्त्वपूर्ण साहित्यिक अनुष्ठानों में आपने सहभागिता और

आलेख/पर्चे प्रस्तुत किये हैं।

प्राप्त सम्मान – 1987 में हिंदी अकादमी दिल्ली से आपको साहित्यिक कृति सम्मान, मैसूर हिंदी प्रचार परिषद से हिंदी सेवा सम्मान, आथर्स गिल्ड ऑफ इंडिया से साहित्यिक सम्मान, महादेवी वर्मा सम्मान, कलम का सिपाही, आराधकश्री, साहित्यश्री, शिखर सम्मान और वुमैन केसरी और देश की प्रतिष्ठित संस्था अखिल भारतीय सर्वभाषा संस्कृति समन्वय समिति द्वारा सहित्य गौरव सम्मान के अलावा देश की प्रतिष्ठित कई संस्थाओं से 50 से अधिक सम्मान प्राप्त है।

संपर्क: 899, रानी बाग, दिल्ली-110034

मोबाइल– 9313301370 ईमेल – savitawriter@gmail.com

(1) प्रदूषण और पर्यावरण

प्रदूषण! प्रदूषण! प्रदूषण!
ध्वनि प्रदूषण, वायु प्रदूषण, जल प्रदूषण
इसमें ध्वनि प्रदूषण लगता सबसे घातक है
जो रक्तचाप को बढ़ाता है
स्मरण शक्ति कम कर जाता है
ऊंची आवाज सुन
दूसरों का भी जी घबराता है
जोर से बज जाए अचानक हॉर्न
तो दुर्घटना का डर बढ़ जाता है
मन-मस्तिष्क दोनों का ये दुश्मन है
ध्वनि प्रदूषण सच में बहुत ही घातक है।
वायु प्रदूषण:
बस, कार, स्कूटर, मशीनों, विमानों,
और कारखानों, जेट विमानों से निकलती
जो विषाक्त कार्बन और
नाइट्रोजन ऑक्साइड
जब मिल जाती है हवा में
तो दमा, भयंकर दर्द, टी बी, दिल के रोग और
कैंसर को जन्म दे जाती है
धीरे-धीरे एकत्र हो जाती है जब हवा में
कार्बन डाइऑक्साइड एवं नाइट्रिक ऑक्साइड
इसकी अधिकता के कारण
होने वाली वर्षा भी तब तेजाबी हो जाती है
जो किसानों की फसलों को भी तबाह कर जाती है
तालाब में पेड़ पौधों और हरियाली को भी
विषाक्त कर जाती है

वायुमंडल में गैसों की अधिकता बहुत घातक है
अंतरिक्ष से धरती पर आने वाली किरणों पर भी
यह रोक लगाती हैं
यही नहीं हमारी ऐतिहासिक इमारतें भी
अछूती नहीं रह जाती इनसे
वह भी इसके कालेपन की शिकार हो जाती हैं
जल के जंतु, पेड़ पौधे, हरियाली, वनस्पतियां,
प्रदूषण की पकड़ में जब आते हैं
यह भी विषाक्त हो हानिकारक हो जाते हैं
यह प्रदूषण समस्या छोटी नहीं है
अंतरराष्ट्रीय समस्या है
आओ इसे कम किया जाए
सभी को इसके खतरों से अवगत कराया जाए
अपने-अपने हिस्से की जिम्मेदारी को निभाया जाए
ध्वनि प्रदूषण, वायु प्रदूषण,
पर्यावरण प्रदूषण को घटाया जाए
प्रगति और विकास का समर्थन लाजमी है फिर भी
इन प्रदूषणों के घातक परिणामों से खुद को और
सब को बचाया जाए
एक संतुलन इन सब में लाया जाए
बहुत लाजमी है संतुलन हर हाल में
हमारे अच्छे जीवन के लिए।

○○

(2) काश कोई ऐसा यंत्र बन पाए

काश कोई ऐसा यंत्र बन पाए
जो देख सके, जान सके,
दूसरों के मन का आकार
छोटा है या है विशाल।
काश कोई ऐसा यंत्र बन पाए
जो बिना कहे जान ले

सबके मन का हाल
सुन सके दूसरों के विचार।
काश कोई ऐसा यंत्र बन पाए
जो बिना किसी के कहे
जान सके अपने बारे में, सब के बारे में,
करे सहायता सबकी बिना किसी के कहे
और कोई हो जाए चमत्कार,
देश और समाज की स्थिति में हो जाए सुधार।
काश कोई ऐसा यंत्र बन पाए
जो जान पाए शत्रुओं को
उनकी चालों को, उनकी भाषा को,
काश कोई ऐसा यंत्र बन पाए
जो ले आ सके अमृत धार
कतरे-कतरे में बस जाए प्यार,
हां!! हां!! यह हो सकता है
ऐसा होने भी लगा है
यंत्र अब सच और झूठ को पकड़ रहा है
सब कुछ देख लेता है अब सी. सी. टी. वी.
भीतर तक झांक लेता है अब मेटेलिक डिटेक्टर
और-तो-और एल्कोहल मीटर भी बन गए हैं, अब तो
लेकिन अब भी बुरे मन की भनक पाने के यंत्र इजाद होने बाकी हैं,
गर सबके मन को माप सके ऐसा यंत्र भी आ पाए
तब मिट जाएंगी सारी भ्रांति और सचमुच में हो जाएगी
एक यांत्रिक क्रांति।
काश सब बुराइयों को मिटाने का यंत्र कभी बन पाए।

○○

(3) एकात्म

आओ! तुम आकाश और हम हवा हो जाएं
और परस्पर मिलकर
पंचतत्व का सनातन संगीत सबको सुनाएं
धर्म और विज्ञान अलग नहीं यह बात सबको बताएं।

   विज्ञान कविताएं

सबको बताएं कि धर्म योग है और विज्ञान प्रयोग है
और हमारा अस्तित्व इन दोनों का ही संयोग है।
आओ हम धर्म और विज्ञान के विवाद को छोड़ें
और प्रकृति के पृष्ठों पर ज्ञान के कुछ नए अध्याय जोड़ें
हर असंभव को संभव कर के दिखाएं
आओ! तुम आकाश और हम हवा हो जाएं
और लहरों के संग मिलकर
पंचतत्व का सनातन संगीत सबको सुनाएं।

∞

(4) पल-पल का साथीः विज्ञान

बचपन में नहीं पता था
ए.सी. क्या होता है, नहीं पता था
फ्रिज क्या होता है
पर आज याद करती हूं अपना बचपन
तो लगता है सबसे बड़े वैज्ञानिक तो मेरे पापा थे
शाम को जब भी लेकर आते
बहुत बड़ा तरबूज
उसको घर के बाहर रखते महफूज,
दरवाजे के ऊपर बने रोशनदान में रख देते
रात भर जो ठंडा होता सुबह, खिलाते और भेजते स्कूल।
कभी-कभी लगता है मां भी वैज्ञानिक थी
कभी बच जाता जब भी रात में आटा
या कोई सब्जी तो उसे परात में पानी भर
उसमें रख देती, ऊपर गिला कपड़ा डाल
ताकि ना आ पाए उसमें खमीर का उबाल।
सोचती हूं तो लगता है कि-
विज्ञान हमारा कल भी सच्चा साथी था
और आज भी यही बात याद आती है
कि पहले विज्ञान दिमाग के भीतर था
आज हर पल का साथी है।

∞

मधु मिश्रा

संक्षिप्त परिचय

12 जून, 1959 को चंद्रपुर, आगरा में जन्मी मधु मिश्रा एक संवेदनशील कवयित्री हैं। आकाशवाणी, दूरदर्शन और साहित्यिक संगोष्ठियों में उत्साह पूर्वक सम्मिलित होती हैं। आकाशवाणी और दूरदर्शन पर अनेक बार विज्ञान वार्ताएं एवं विज्ञान कविताओं का प्रसारण। लखनऊ, कोलकाता, रुड़की, भोपाल एवं बिलासपुर में आयोजित विज्ञान कवि सम्मेलनों में कविता पाठ। अनेक संग्रहों में रचनाएं प्रकाशित। विभिन्न सांस्कृतिक संस्थाओं से अनेक बार सम्मानित।

संप्रति: स्वतंत्र लेखन तथा देश की प्रतिष्ठित साहित्यिक संस्था अखिल भारतीय सर्वभाषा संस्कृति समन्वय समिति से सक्रियरूप से संबद्ध तथा सभी राष्ट्रीय अधिवेशनों में शिरकत।

संपर्क : आई-204, गाविंदपुरम,
गाजियाबाद- 201013
मो. : 9582531439
ईमेल : madhumishra1206@gmail.com

(1) पेड़ है ऑक्सीजन प्रदाता

पेड़ है ऑक्सीजन प्रदाता
खुशियाँ सारे जगत में लुटाता।

पत्तियों में भरा क्लोरोफिल है
होता हरियाली का ये ही दिल है
पत्तियों, फूल सब औषधि हैं
वृक्ष जीवन की ही गतिविधि है
वृक्ष हर पल प्रदूषण मिटाता
खुशियाँ सारे जगत में लुटाता।

पेड़ ही फेंफड़े हैं शहर के
रोज पीते जो प्याले जहर के
ये कार्बन और सल्फर हटाता
पेड़ ही तो प्रदूषण मिटाता।

पेड़ देता है फूल और फल भी
पेड़ से ही तो मिलती एनर्जी
इसका हर फल विटामिन का घर है
ये बढ़ाता सभी की उमर है
बाढ़, तूफां को ये है हराता
वृक्ष जीवन में खुशियाँ लुटाता।

वृक्ष जीवन की मधु बाँसुरी है
वृक्ष ही जिंदगी की धुरी है

छाँव में गीत कोई है गाता
पेड़ से कोई अर्थी बनाता
पेड़ से आदमी का है नाता
सारा जीवन जिसे वो निभाता।

पेड़ की कौन सुनता व्यथा है
वृक्ष पूजन की खोई प्रथा है
वृक्ष जीवन में जो भी लगता
स्वर्ग का पुण्य धरती पे पाता।

∞

(2) संतुलित भोजन

'संतुलित भोजन हमें खाना होगा
हमें अपनी सेहत को बनाना होगा
संतुलित भोजन हमें खाना होगा।

बिना झुके सीने जिनके शान से तने हैं
भीगे हुए रोज-रोज खाते वो चने हैं
आयरन को भोजन में मिलाना होगा
संतुलित भोजन हमें खाना होगा।

फल-फ्रूट आयटम हैं एनर्जी के
भगा देते वायरस जो एलर्जी के
तली हुई चीजों से बचाना होगा
संतुलित भोजन हमें खाना होगा।

सेहत तबाह करो मत जंक फूड से
मिलती एनर्जी हमें ताजे-ताजे फ्रूट से
फास्ट-फूड को जीवन से भगाना होगा
संतुलित भोजन हमें खाना होगा।

विज्ञान कविताएं

भोजन में जो भी तत्त्व नेचुरल हैं
मिलता कोशाओं को इनसे ही बल है
सिंथेटिक चीजों को हटाना होगा
संतुलित भोजन हमें खाना होगा।

होना ना गुमराह तुम फास्ट-फूड पर रीझ के
खुद मत लाना बीमारियां खरीद के
मोटे अनाजों को पटाना होगा
संतुलित भोजन हमें खाना होगा।

तन दिया सुन्दर हमें कुदरत ने
नष्ट किया जिसको बुरी फितरत ने
अच्छी आदतों को अपनाना होगा
संतुलित भोजन हमें खाना होगा।

∞

(3) चलाओ मत आरी

चलाओ मत हम पर आरी'
कि जायलम, फ्लोम कहता है
स्टोमेटा संग मन भारी
सिसकती कोशिका कहतीं
चलाओ मत हम पर आरी।

जा दिन से ये बनी है दुनिया
रखा तेरा ख्याल
रोटी, कपड़ा, देकर करते
तुझको मालामाल
तेरी क्या मति गई है मारी
चलाओ मत हम पर आरी।

कहे वृक्ष ऐ सुन मानव तू
मत कर मुझ पर वार
पल-पल ही तेरे जीवन के
हमीं हैं पालनहार
निभाते सदा हमीं यारी
चलाओ मत हम पर आरी।

बिना हमारे चार कदम भी
तुझसे चला ना जाय
गर्मी, सर्दी हो या बारिश
हम ही तेरे सहाय
कि तुझपे कृपा रहे म्हारी
चलाओ मत हम पर आरी।

नदी, पर्वत और मैदानों का
है हमसे श्रृंगार
वृक्ष नहीं होंगे धरती पर
धरा फिर होगी ये अंगार
नष्ट धरती होगी सारी
चलाओ मत हम पर आरी।

∞

(4) मेरे मैं का क्वथनांक बिंदु

मैं एक पदार्थ हूं, दुनिया की प्रयोगशाला का
जिसे समय की टेस्ट ट्यूब में डाल कर
और समस्याओं के स्पिरट लेंप की लौ पर रखकर रोज उबाला जाता है
लोग देखते हैं और परीक्षण पुस्तिका में नोट करते हैं मेरे उबलने और
खदकने के तरीकों को
वे इस पड़ताल में जुटे हैं कि मैं ठोस से द्रव बनती हूं या सीधे ही भाप

वह मेरा क्वथनांक बिंदु तलाश रहे हैं
मगर अपने ही प्रयोगों से थककर हांफ रहे हैं
क्यों कि निष्कर्षों के आगे प्रश्न मुंह बाये खड़ा है
यकीनन मेरा क्वथनांक बिंदु थर्मामीटर के पारे की औकात से बड़ा है
अरे कौन नाप सका है खुद्दारी का क्वथनांक बिंदु
जैसे एक बूंद में समाया पूरा सिंधु।
प्रयोग जारी है
ज्ञात पर अज्ञात भारी है
ये जो अज्ञात का परिमाण और ज्ञान है
इसी का तो नाम विज्ञान है।
और मैं और मेरा अस्तित्व
विज्ञान द्वारा खोजी जाने वाली वस्तु
एवमस्तु।। तथास्तु।।

○○

पंकज त्यागी 'असीम'

उपनाम : असीम

आत्मज : स्मृति शेष श्री ओम प्रकाश त्यागी

रुड़की, उत्तराखंड

जन्म तिथि : 21.02.1977

साहित्यिक गतिविधियां : 'देश के विभिन्न नगरों में राष्ट्रीय कवि सम्मेलनों में काव्य पाठ' अनेक साहित्यिक संस्थाओं जैसे नव सृजन साहित्यिक संस्था रुड़की, कविता कारवां, हिमालय साहित्य एवं कला परिषद, गंगा-जमुनी अदबी मंच आदि में सहभागिता और सक्रिय योगदान।

सम्मान : सर्व भाषा संस्कृति समन्वय समिति द्वारा 'सरस्वती सेवा सम्मान' बिहार हिंदी साहित्य सम्मेलन द्वारा 'शताब्दी युवा साहित्यकार सम्मान' नव सृजन संस्था द्वारा 'साहित्य साधक सम्मान'

दूरदर्शन (उत्तराखंड) पर काव्य पाठ

देश की विभिन्न पत्रिकाओं में रचनाओं का प्रकाशन

साझा काव्य संग्रह 'सृजन सरोवर' में सहभागिता

अभिरुचि : रंगमंच पर अभिनय, बैडमिंटन खेलना, साइक्लिंग

संप्रति : भारतीय रेलवे में सेवारत

निवास स्थान : 2/1, गणपति विहार, गणेशपुर, रुड़की

जनपद – हरिद्वार, उत्तराखंड – 247667

फोन : 8237655835, 8266860116

ई मेल : pankajbhartirly@gmail.com

(1) विज्ञान से

हमसे पूछो क्या हुआ है मोजिजा विज्ञान से
हर नई शय का पता हमको मिला विज्ञान से।

चांद बस मामा ही था या चेहरा था महबूब का
चांद का हर भेद अब हम पर खुला विज्ञान से।

प्लेग, टीबी, कालरा से मौत अब होती नहीं
अब इलाज इन रोगों का मुमकिन हुआ विज्ञान से।

उगता क्यों सूरज इधर से डूब जाता क्यों उधर
हो गए इस ज्ञान से भी आशना विज्ञान से।

इक जरा से फोन में दुनिया सिमट कर आ गई
जो नहीं सोचा था वो भी हो गया विज्ञान से।

○○

(2) इसरो ने

बढ़ाया विश्व में अपने वतन का मान इसरो ने
बनाए चांद मंगल आसमां के यान इसरो ने।

न कोई जानता था चांद पर पानी के बारे में
लगाया खोजकर जल का वहाँ अनुमान इसरो ने।

रहें हम दूसरे देशों पे निर्भर आज तक लेकिन
बनाया आसमां में देश को बलवान इसरो ने।

गए राकेश शर्मा आसमां में गैर पंखों पर
जगाए अपनी ही परवाज के अरमान इसरो ने।

बहुत महंगा था पहले चांद या मंगल तलक जाना
मगर इस को भी देखो कर दिया आसान इसरो ने।

∞

(3) जो भी दरकार है

आज मोबाइल से ही जीवन का सारा कार है
हर बड़े छोटे सभी कामों का ये आधार है।

हो गई इतिहास की बातें वो चिट्ठी पत्रियाँ
व्हाट्सएप अब डाकिया है और वो ही तार है।

फोन हाथों में है तो मुट्ठी में ये दुनिया लगे
ये अगर है दूर तो सारा जहां बेकार है।

बात कोई मन में आए तो जरा गूगल करो
बस घड़ी भर में उसे ढूंढो जो भी दरकार है।

एक फोटो के लिए तरसा किए महबूब की
वीडियो चैटिंग पे अब तो हर घड़ी दीदार है।

फेसबुक, यूट्यूब, गूगल, जूम या हो व्हाट्सएप
फोन से ही अब हमारी जिंदगी गुलजार है।

∞

(4) इस दिल से

है जिंदा आदमी है आदमी की शान इस दिल से
अगर हो जाए धड़कन गुम तो गायब जान इस दिल से।

विज्ञान कविताएं

लहू को पंप करके ये रगों में भेजता हरदम
ये है खुश तो निकलते हैं खुशी के गान इस दिल से।

फकत मुट्ठी का है आकार कहने को तो इस दिल का
किया मंसूब कवियों ने मकाने जान इस दिल से।

पकौड़ी चाट जैसे कुछ तले खाने को कम कर दो
नहीं तो दिल के दौरे का सुनो फरमान इस दिल से।

सुबह की वॉक करके यार इसको हौसला देकर
निकालो जिंदगी कि तुम बहत्तर तान इस दिल से।

करो कसरत, करो योगा, चलाओ साइकिल वरना
जुड़ेंगे पेसमेकर जैसे कुछ सामान इस दिल से।

हमें विज्ञान ने सब गूढ़ बातें दिल की बतलाई
चलो आओ करें विज्ञान का सम्मान इस दिल से।

स्वाद को नमकीन करना, यूँ तो इसका काम है,
पर रसायन में नमक का, एन ए सी एल नाम है।

गर तरल में डाल दें, इसका विलय तत्काल हो,
उसको देता अपने सब गुण, ये बड़ा निष्काम है।

एक चुटकी डालते ही, स्वाद व्यंजन का बढे,
बिक रहा बाजार में, ज्यादा न इसका दाम है।

आप आयोडीन वाले ही नमक को खाइए,
सोच लें वरना कि घेंघा रोग बिलकुल आम है।

गर नमक का कुछ अधिक उपयोग खाने में किया,
फिर समझ लो हाई बीपी, दूर बस दो गाम है।

शोध करके ही बताया, हमको ये विज्ञान ने,
एक लीटर जल में सागर के, नमक कुछ ग्राम है।

पांच या छ: ग्राम, इक दिन में नमक को लीजिए,
ये सभी को डॉक्टर की ओर से पैगाम है।

OO

डॉ. कल्पना पांडेय

शिक्षा- एम.ए. (हिंदी, संस्कृत), पीएचडी

व्यवसाय- अध्यापन

महासचिव दिल्ली विश्व मैत्री मंच,

सदस्य : अखिल भारतीय सर्वभाषा संस्कृति समन्वय समिति।

पंजाब केसरी में लगातार रचनाएँ प्रकाशित (कविता, कहानी, लेख), नुक्कड़ नाटक, पटकथा लेखन, व्यंग्य, राष्ट्रीय एवं अंतर्राष्ट्रीय सम्मेलनों में भाग।

विशेष : अनुभव पत्रिका में (कविताएँ प्रकाशित) टू टाइम्स दैनिक अखबार में नियमित व्यंग्य का प्रकाशन। प्रकाशित पुस्तकों की संख्या–3 साझा संकलन 'माँ' काव्य संग्रह (साहित्य पीडिया) 'भावों की सरिता' काव्य संग्रह साझा संकलन (शीर्षक साहित्य परिषद) 'पदार्पण' एकल काव्य संग्रह (साहित्य भूमि) वर्तमान में पिता की लिखी दो काव्य संग्रहों का संपादन कार्य एकल काव्य संग्रह प्रकाशन की प्रक्रिया में शिल्पी चड्ढा स्मृति सम्मान साहित्य भूषण सम्मान (सर्वभाषा संस्कृति समन्वय समिति) शब्द शिल्पी सम्मान, पर्पल पेन, विज्ञानिका विज्ञान प्रसार, हिमालयन रत्न सम्मान, स्पर्श भारती साहित्य सेवा सम्मान, अष्ठाना कला सम्मान।

स्थाई पता – बी–12ए/9ए, धवलगिरि अपार्टमेंट, सेक्टर 34, नोएडा, गौतम बुद्ध नगर, उत्तर प्रदेश

पिन – 201307

फोन नं. – 9717966464

ईमेल – kalpanarrk2007@gmail.com

(1) अभिमान

मैं इंसान बड़ा वरदान
सबका मालिक खुद को मान
रोज-रोज करता मनमानी
कर बैठा भारी नादानी।

कहता रहा मेरा विज्ञान
हर कार्य का है प्रतिदान
मैं भूला मूर्ख भी अज्ञानी
बिन जाने छेड़ी जिंदगानी।

विजय की चाह में किया प्रयोग
पर परिणाम में मिला वियोग
सारे अपने लगे छूटने
मृत्यु शैय्या पर लगे लेटने।

चाह भी उनको रोक न पाया
हाय! ये कैसा रोग लगाया
है वरदान अभिशाप भी ये
जीवन में संत्रास भी ये।

जीवन की रचना में जब तक
लगा हुआ है ये विज्ञान
तब तक भूल नहीं है देखो
हम सब का है ये अभिमान।

∞

(2) कोविड

सारे रिश्ते नाते रह गए
जब कोविड का हुआ शिकार
हाल-चाल अब फोन पर चालू
हुआ दिखावा सौ-सौ बार
जब बारी अस्पताल की आई
हो गए सारे फिर लाचार
सारे ––––––––

शाम को अक्सर घूमने जाता
पार्क में बैठ ठहाके लगाता
सूनी सूनी सारी बगिया
रह गए गिनती के हम चार
जब कोविड का हुआ शिकार
सारे ––––––––––

बंद कमरे में मेरी शय्या
मौत ही जैसे खेवे खेवइया
खाँस-खाँस सारे कमरे में
मैंने किया बमों का वार
दूर-दूर सब मुझसे हो गए
मैं तकता आसमान को यार
जब कोविड का हुआ शिकार
सारे ––––––––––

छप्पन भोग रोज के तेवर
अब मिचली संग नाक बंद है
स्वाद भी फीका बस मलाल है
रस और सूपों को पी पीकर
जैसे मैं बन गया कंकाल
जब कोविड का हुआ शिकार
सारे––––––––––

○○

(3) शून्य का गणित

करती हूँ बात शून्य की
जिसमें बड़ी गहराई है
अंक के आगे है शून्य
पीछे भी शून्य
दोनों हैं महारथी
अंतर रखते भेद करते
गणित की गणित में मुस्कुराते
गणित में भी गणित लगाते
उलझनें पैदा करते कशमकश में डालते
परिणाम निकालने की जद्दोजहद में
शून्य में ही लटका देते।

पल-पल गणित है जिंदगी
सँवारा नहीं शून्य है जिंदगी
उम्र के उस पड़ाव में
उम्मीद और आश्रय की छाँव में
शून्य का मर्म समझ आता है
जब गणित लगाकर
अपनी ही संतान
आने वाले भविष्य को
शून्य में छोड़ जाता है।

माँ की ममता का गणित कैसा
दशमलव की प्रणाली जैसा
हर जगह बिंदी बना देती है
रिश्तों में चार-चाँद लगा देती है
प्यार की कीमत बढ़ा देती है
घटाना गुणा भाग प्रतिशत
सब कुछ आसान कर देती है।

विज्ञान कविताएं

माँ की गणित के आगे
गणितज्ञों की गणित फेल
हर गणित में वही एक पास
शून्य में भर देती है जीवन के खेल
गर्मजोशी उमंग स्वागत सत्कार
आकार विस्तार बहार की बौछार
ऊँचा कर देती है मनोबल छू लेने की
विस्तृत आसमान में शून्य का
वजन बढ़ा देती है फैला देती है।
गणित लगा देती है पहुँचा देती है
जगमगाते जुगनुओं की तरह और
शून्य को ही फलक बना देती है।
००

(4) विज्ञान बनाम करिश्मा

बड़ा जादुई है विज्ञान
करे करिश्मा दूजा नाम
रगड़ के पत्थर आग का काम
फिर चलना पहिया संग धाम
मैं विज्ञान मैं विज्ञान
साइकिल ने की पूरी सवारी
धीरे-धीरे बनी फिर गाड़ी
डिब्बों में बँधकर रेलगाड़ी
दूरी तय की शेर खिलाड़ी
मैं विज्ञान मैं विज्ञान

उड़ने की आसमान में चाह
बिगुल बजा क्रांति फिर वाह
चिड़िया-सी फिर उड़नखटोला
साँचे में हेलीकॉप्टर डोला

मैं विज्ञान मैं विज्ञान
एक-एक कर बने अजूबे
सेटेलाइट फिर काम को बूझे
आसमान में उड़ता तारा
नाप धरा सूचना सँवारा
मैं विज्ञान मैं विज्ञान

आँधी आए या तूफान
बाढ़ बवंडर या भूचाल
पहले ही करता है सचेत
सेटलाइट राडार विशेष
मैं विज्ञान मैं विज्ञान

रहता है धरती पर देखो
आसमान से ले संकेत
कैसी अद्भुत लीला देखो
जब बुद्धि से इसका मेल
मैं विज्ञान मैं विज्ञान
तार बेतार रेडियो से प्यार
टीवी का अद्भुत व्यापार
कंप्यूटर इक नया अवतार
इसके रंग अनेकों यार
मैं विज्ञान मैं विज्ञान

मिनटों में पूरे सब काम
बुद्धि प्रबल विज्ञान बनाम
सारे शस्त्र अस्त्र का ज्ञान
बड़े जगत में बड़ा है नाम

मैं विज्ञान मैं विज्ञान
इंसानों के मन में पलते
हर भावों का है विज्ञान
जीवन में चलते रहने की
कार्यकुशलता का विज्ञान
जीवन के हर पल-पल में
मैं विज्ञान मैं विज्ञान

बिन इनके चलता न काम
बिन विज्ञान, बिन विज्ञान
खाने की विधि में विज्ञान
माँ की सोच संग विज्ञान
क्या क्यों कैसा इन प्रश्नों का
हल संग उत्तर दे विज्ञान
जय विज्ञान जय विज्ञान।

○○

सुबोध पुण्डीर 'सरित्'

माता का नाम	: स्व. श्रीमती विद्यावती पुण्डीर
पिता	: स्व. ठाकुर रामसिंह पुण्डीर
जन्म स्थान	: ग्राम चौली (मण्डावर) जनपद–हरिद्वार (उत्तराखण्ड)
जन्म तिथि	: 08 दिसम्बर, 1941
शैक्षिक योग्यता	: एम.ए. (हिन्दी व अंग्रेजी), एम.एड.
शिक्षण कार्य	: पूर्व प्रधानाचार्य, ए.एच.पी. इण्टर कॉलेज, छुटमलपुर (सहारनपुर) पूर्व प्रोफेसर, क्वांटम विश्वविद्यालय, रुड़की (उत्तराखण्ड)
सम्प्रति	: स्वतन्त्र चिन्तन, शिक्षण एवं लेखन
मूल निवास	: ग्राम मण्डावर, जनपद–हरिद्वार
अभिरुचियां	: राष्ट्र-शिक्षा-क्रीडा-एवं साहित्य प्रेम
प्रकाशित साहित्य	: विवेकानन्द (एक काव्यांजलि) 'मुस्कानें बांधो साथ मेरे' काव्य संग्रह, 'सृजन सरोवर' रुड़की में 5 रचनाएं, अनेक पत्र-पत्रिकाओं में कविताएं एवं शैक्षिक लेख।
सम्मान	: शिक्षक गौरव : एकता मंच, छुटमलपुर ओजस्वी गीतकार ज्योति किरण, छुटमलपुर।
खेल-खिलाड़ी	: स्वतंत्रता संग्राम सेनानी-बाबू आसाराम सैनी मैमोरियल ट्रस्ट (रजि.) रुड़की।
आदर्श शिक्षक	: लॉयन्स क्लब 'आर्य भूषण' सम्मान, रुड़की 'रोटेरी सम्मान' रोटेरी क्लब, रुड़की
वर्तमान पता	: 387, सोलानीपुरम-पूर्व, रुड़की
मो.	: 9690864846

(1) आज बिजली के सहारे

आज बिजली के सहारे, जिन्दगी का काम चलता
इस बिना जीवन का सारा, काम जैसे मन्द पड़ता।

कह रहे बिजली जिसे हम, वो है बस घर्षण का इक बल
जो हमें अब कोयला, पानी व परमाणु से मिलता।

तार का लेकर सहारा, पहुंचती हर द्वार तक ये
बल्ब, फ्रिज, टीवी व एसी के बिना अब घर है खलता।

दो तरह की है ये बिजली, एक ए.सी. एक डी.सी.
एक गर पकड़े, न छोड़े, एक झटका है लगता।

एक्स-रे, स्कैन, अल्ट्रासाउण्ड हो या एम.आर.आई.,
सिर्फ बिजली के सहारे, इन सभी का यन्त्र चलता।

एडिसन ने शुरु की थी, ये जो बिजली की कहानी,
आज इसकी शक्ति से ही, फैन चलता, बल्ब जलता।

○○

(2) मैं प्रकाश की किरण, सजीली!

मैं प्रकाश की किरण, सजीली!
श्वेत दिखूं, पर बड़ी रंगीली!

जब अम्बर में बदरा छाए
मोर झूमकर नाच दिखाए

मेरी छवि बूंदों से छनकर
इन्द्रधनुष परियां बन जाएं

मैं संतरंगी दुल्हन, सजीली!
श्वेत दिखूं, पर बड़ी रंगीली!

उगता सूरज, बड़ा लाल है,
छिपता सूरज, बड़ा लाल है,
तुम क्या समझो, तुम क्या जानो,
यह सब किरणों का कमाल है,

लाल रंग की पकड़, हठीली!
श्वेत दिखूं, पर बड़ी रंगीली!

अम्बर क्यों दिखता है नीला?
सब मेरी किरणों की लीला,
सब रंगों में सबसे पहले,
जो बिखरे, वह रंग है नीला!

नीले रंग की पकड़ है, ढीली!
श्वेत दिखूं, पर बड़ी रंगीली!

वैसे तो मैं, सीधी चलती,
माध्यम बदले, राह बदलती
मेरी किरणों के प्रभाव से,
गहरी नदियां, उथली लगती,

होती रहती, नीली-पीली!
श्वेत दिखूं, पर बड़ी रंगीली!

○○

विज्ञान कविताएं

(3) पेड़ हैं, ऑक्सीजन भण्डार

हाइड्रोजन का क्या है काम?
ऑक्सीजन का क्या है काम?
इन दोनों का गठबन्धन ही,
बन जाता पानी अभियाम!

हाइड्रोजन पल में जल जाय,
ऑक्सीजन भी करे सहाय,
पर दोनों मिलकर, पानी बन,
झट से देती, आग बुझाय!

नाइट्रोजन पेड़ों की शान,
ऑक्सीजन जीवों की जान,
इन दोनों के बल पर ही तो,
सारा जीवन है गतिमान!

कार्बन तत्व है, बड़ा महान,
यह है जीवन की पहचान,
पर इसके उत्सर्जन से ही,
पर्यावरण हुआ हलकान!

कोरोना त्रासदी का काल,
अस्पताल है, सब बेहाल,
घुटती सांसे, मरते लोग,
ऑक्सीजन का पड़ा अकाल!

प्राणवायु है ऑक्सीजन,
इस पर निर्भर है जीवन,
प्राणवायु के उत्पादन हित,
पेड़ों से भर लो आंगन!

पेड़ है धरती का श्रृंगार,
पेड़ है ऑक्सीजन भण्डार,
आओ, मिल संकल्प करें,
बच्चे कम, और पेड़ हजार!

आओ, सभी लगायें पेड़,
पर्यावरण बचायें, पेड़,
उपहारों में बांटें पेड़,
उपहारों में पांयें पेड़!

∞

(4) मैं हरी-भरी मखमली दूब

तुम कुचलोगे, मुस्काऊंगी,
जड़ काटोगे, लहराऊंगी,
मैं हरी-भरी मखमली दूब,

अपनी शर्तों पर ही मैं जीवन जीती हूं,
शिव की बेटी हूं, घोर हलाहल पीती हूं।

तुम स्वीकारो, ना स्वीकारो, पर यह सच है,
धरती पर सबसे पहले मैं ही आई थी,
नीला अम्बर उस दिन छिपकर मुस्काया था,
भू पर मैंने नन्हीं टांगे फैलाई थी।

उस दिन से लेकर आज तलक,
मैं नव रचना की लिए ललक।

धरती पर हरियाली की चादर सीती हूं,
शिव की बेटी हूं, घोर हलाहल पीती हूं।

विज्ञान कविताएं

जब-जब सूरज मुझ पर शोले बरसाता है,
तब-तब बादल मुझको नहलाता है,
मैं चट्टानों को तोड़ हरितिमा बोती हूं,
मेरा स्पर्श, बंजर को स्वर्ग बनाता है,

मैं ही कोयल की बोली हूं
मृगछोनों की हमजोली हूं

मैं सृजन शक्ति हूं, संहारों से जीती हूं,
शिव की बेटी हूं, घोर हलाहल पीती हूं।
○○

तुम गीत लिखो विज्ञान के

नए-नए संधान के, नए-नए प्रतिमान के
नई सोच के संवाहक तुम, गीत लिखो विज्ञान के।
योग, चिकित्सा, ध्यान के, जीव, जंतु के प्राण के
तकनीकी उत्थान के, धरती के कल्याण के
दीप जलाने होंगे तुमको, भारत में प्रज्ञान के
नई सोच के संवाहक तुम, गीत लिखो विज्ञान के।

अंतरिक्ष, जलयान के, परमाणु, प्रोटान के
अल्फा, बीटा, मान के, अणुओं के परिमाण के
तुम्हें छांटने होंगे बादल, तेजाबी अज्ञान के
नई सोच के संवाहक तुम, गीत लिखो विज्ञान के।

भारत मां की शान के, संस्कृति के सम्मान के
विश्व गुरु का दर्जा पाए, भारत के जयगान के
रहें थिरकते कदम यहां पर, नवाचार अभियान के
नई सोच के संवाहक तुम, गीत लिखो विज्ञान के।।

हैं हस्ताक्षर नीलगगन पर, धरती के इंसान के
विज्ञानी वरदान से निकले, मूलमंत्र सब त्राण के
रक्तशिरा से ढूंढ निकालो, हार्मोन मुस्कान के
नई सोच के संवाहक तुम, गीत लिखो विज्ञान के।

○○

पंडित सुरेश नीरव